马国忠 编著

新课改
与中小学
教学模式优化

选课走班、翻转课堂
与雄安未来学校

互联网
大数据
人工智能

中国言实出版社

图书在版编目（CIP）数据

新课改与中小学教学模式优化：选课走班、翻转课堂与雄安未来学校 / 马国忠编著 . -- 北京：中国言实出版社 , 2019.5

ISBN 978-7-5171-3035-2

Ⅰ.①新… Ⅱ.①马… Ⅲ.①中小学—教学模式—教学研究 Ⅳ.① G632.0

中国版本图书馆 CIP 数据核字（2019）第 098643 号

责任编辑：张　丽
责任校对：宫媛媛
出版统筹：胡　明
责任印制：佟贵兆
装帧设计：华　晴

出版发行　中国言实出版社
　　　　　地　　址：北京市朝阳区北苑路 180 号加利大厦 5 号楼 105 室
　　　　　邮　　编：100101
　　　　　编辑部：北京海淀区北太平庄路甲 1 号
　　　　　邮　　编：100088
　　　　　电　　话：64924853（总编室）64924716（发行部）
　　　　　网　　址：www.zgyscbs.cn
　　　　　E-mail：zgyscbs @263.net
经　　销　新华书店
印　　刷　北京虎彩文化传播有限公司
版　　次　2019 年 6 月第 1 版　2019 年 6 月第 1 次印刷
规　　格　710 毫米 ×1000 毫米　1/16　15.25 印张
字　　数　200 千字
定　　价　58.00 元　ISBN 978-7-5171-3035-2

创新教学模式，为考试"高压锅"减压（代序）

随着新高考制度的逐步实施，各学科教学都迎来了变革的新机遇，为了使教育体制机制更适合国民素质的全面提高和创新人才的培养，教学模式还须创新，为长期存在的考试"高压锅"快速减压。

考试"高压锅"的快速减压到底怎么减？既需要国家教育部门的顶层设计，也需要学校管理者和广大教师的积极探索和实践。2014年9月，国务院发布了《国务院关于深化考试招生制度改革的实施意见》，经过上海和浙江等地试点，全国各省（区、市）的高考招生制度改革方案陆续发布。到2020年，新的高考改革制度将全面实行。高考、招生制度改革如同打开"减压伐"，教育潜能开始逐渐释放。近几年来，北京、上海、浙江、深圳等中小学开始尝试将选课走班、翻转课堂、道尔顿制等教学模式融入教育教学实践，取得了可喜的成效。

本书作者马国忠从事"结构教学法"（北京市特级教师孙维刚创立）研究十余年，先后参与创办了郑州维刚实验学校、郑州维刚中学，将独自总结提炼的孙维刚"结构教学法"精髓，"一题多解（达到熟悉）、多解归一（寻求共性）、多题归一（寻求规律）"的授课方法运用到教学实践中，突破了传统教育模式的局限，提高了学生的综合素质，激发了学生的想象力和创造力，为推动课程改革找到了一条行之有效的路径。

2017年4月1日，中共中央、国务院印发通知，决定设立河北雄安新区，雄安新区的经济、文化、教育、科技迎来发展的新机遇。马国忠联合立志推进教学改革的有识之士，在雄安新区创立雄安博奥高中、雄安中学、新瑟谷（雄安）国际学习中心，对孙维刚"结构教学法"取得的经验进行迁移的同时，将选课走班、翻转课堂、道尔顿教育制等全新的教学模式引入雄安中小学校的教学过程，为雄安打造未来学校教育标杆提供了方式方法的支持。

全球著名的道尔顿教育，来自于美国教育实验家海伦·帕克赫斯特于1919年创办的道尔顿学校。走过100年的漫长岁月，道尔顿教育在全球产生了巨大影响力。道尔顿学校曾连续30多年创造全部学生被哈佛、耶鲁等名校录取的奇迹。道尔顿学校的学生所具备的创造力、想象力等优秀品质，深受美国社会的欢迎和学生家长的称赞。马国忠创建郑州维刚中学后，成立"道尔顿教育计划实验班"，将美国精英培养策略运用于教育实践，学科教师彻底摆脱了传统教育观念的束缚，根据学生个性化学习的需要进行课程和教学设计，在知识点教学中融多学科内容于一处，使学生做到了举一反三、融会贯通，取得了事半功倍的学习成效。

马国忠在本书的写作过程中，注重以前瞻性视角和未来创新人才培养的需要，结合自己多年从事中小学教育的经验，针对新高考制度下中小学教育面临的教学模式创新与课堂教学方法变革等一系列问题进行深入思考研究，针对在"互联网+教育"、大数据、人工智能技术背景下，雄安未来学校如何树立成国内教育的标杆给出了国际化、现代化、多元化的分析定位，为助力我国中小学教育发展提供了有参考价值的意见和建议。

本书对于中小学课程改革所做的全面性、实践性的探讨研究，能为教师解决教学过程中遇到的盲点和难题，提供具有实操性的具体方案，相信会得到中小学教师和家长的喜爱，为学生综合素质的提高，创新能力的形成提供观念、方法上的帮助。

减压方能减负，减负方能轻松前行。只有学校、教师、家长共同努力，才能促使孩子们轻松快乐地学习、成长，才能有助于他们成为国家发展所需要的优秀人才。

是为序。

陈金芳

2019 年 5 月 4 日于北京

（作者系中国教育科学研究院理论所教育制度研究室主任、研究员，北京大学人文研究中心特约研究员。）

代
序

目　录

创新教学模式，为考试"高压锅"减压（代序）……………………… 001

第一章
新高考制度倒逼教育模式变革

一、国家政策推动招生、考试、教学全面改革……………………… 003

（一）《考试招生制度改革》为中小学教学改革提出新要求… 003

（二）《高中阶段教育普及攻坚计划（2017—2020 年）》对教学

改革的潜在影响……………………………………………… 005

（三）《中国教育现代化 2035》对教学改革的根本要求 …… 007

二、新高考制度推动教育教学实施颠覆式改革……………………… 008

（一）高考制度改革引发教育体系变革……………………… 009

（二）为适应新教育模式，教材、教辅内容需多元化……… 010

（三）教师放下自我转向以学生成长为中心……………… 012

三、教学模式变革之益——学生预约自己的未来…………………… 014

（一）学生在接受教育的过程中不断激发"三自"……… 015

（二）学生核心素质评价引导课程改革…………………… 016

（三）选课走班——教学模式变革的"传动轴"……………… 019

目
录

第二章
选课走班制与教学模式"大翻转"

一、发达国家中学选课走班经验·······················025

（一）英国中学选课走班制的特色及经验·················025

（二）芬兰高中选课走班制的特色及经验·················030

（三）美国菲利普艾斯特中学选课走班制的特色及经验·······038

二、新高考制度下的选课走班制实践模式探索··············042

（一）基于现有办学条件的选课走班制类型分析···········044

（二）小学、初中、高中选课走班形式选择···············048

（三）选课走班制突出的教学特点······················049

（四）适应选课走班制的教学管理变革··················053

（五）选课走班制教师"急转身"的关键点···············057

（六）帮助学生适应选课走班制的具体方法··············061

（七）选课走班制需要创新学生管理体系···············066

三、国内学校实施选课走班制经验介绍··················071

（一）北京大学附属中学选课走班制——选课与管理双优······072

（二）北京市十一学校选课走班制的成型经验···········081

（三）复旦大学附属中学选课走班制体系化经验···········086

第三章
中小学课堂教学变革——翻转课堂

一、翻转课堂带来课堂教学的革命性改变·················103

（一）翻转课堂发起的源头与全球热潮的兴起·············103

（二）翻转课堂在教学模式改革中的作用·················105

二、翻转课堂对传统教学模式的突破·················· 108

（一）翻转课堂与传统课堂的根本区别·············· 108

（二）翻转课堂要求教师扩展教学空间·············· 110

（三）翻转课堂要求教师教学方法"出新彩"·········· 116

三、以北京四中为代表的国内翻转课堂教学经验········ 118

（一）北京四中翻转课堂，实现"互联网+"规模化教学········ 119

（二）翻转课堂结硕果——北京市第五十六中学大幅提高升学率

··· 120

（三）洛阳市实验中学网校合作成效显著·············· 122

（四）重庆市聚奎中学：百年老校"翻"出新风采·········· 124

第四章
高素质人才培养的教学组织方式——道尔顿教育计划

一、道尔顿教育计划的起源及对教学改革的意义·········· 133

（一）道尔顿教育计划的起源及特点分析·············· 133

（二）道尔顿教育计划的原则及组织形式·············· 137

二、道尔顿教育计划中"教"与"学"的双向突破·········· 139

（一）道尔顿教育计划的课程特色·················· 140

（二）教学的总目标与"作业合同"的约束力············ 145

（三）道尔顿教育计划中合作学习的多重意义············ 149

三、道尔顿教育计划在雄安的探索与实践·············· 150

（一）中小学校实施道尔顿教育计划策略·············· 151

（二）探索道尔顿教育计划的本土化方法·············· 154

目录

第五章
雄安未来学校，树立中国教育标杆

一、站在前沿，建立信息技术引领的最优教学模式…………… 159

（一）雄安学校教育质量需看齐世界最高标准……………… 159

（二）打造信息技术引领的未来学校教育模式……………… 167

二、培养学生核心素质，让学生学会"以变应变式"生存…… 174

（一）构建开放性多功能课堂，不断完善教学模型………… 174

（二）未来学校学生学习方式实现重大突破……………… 179

（三）构建超能教师队伍，应对人工智能带来的挑战……… 189

参考文献……………………………………………………… 196

附　录

一、翻转课堂教学案例…………………………………………… 197

（一）《二元一次不等式组与平面区域》教学案例………… 197

（二）"翻转课堂"在高中物理课堂中的应用——以《宇宙航行》

知识讲解为例…………………………………………… 200

（三）《化学能与电能》第一课时教学案例………………… 204

二、道尔顿教育计划实施教学案例…………………………… 209

（一）语文——《寡人之于国也》（第二课时）教学案例 …… 209

（二）英语《life in the future》（ B5U4 Reading）教学案例 … 218

三、信息技术课…………………………………………………… 225

元曲《天净沙·秋思》教学篇……………………………… 225

第一章

新高考制度倒逼教育模式变革

新高考制度对教学模式改革形成的倒逼机制，将促使学校不断探索高效、多元的课程体系，创新拔尖人才的发现培养模式。对学生而言，可以称为"孩子当家"时代的来临，拥有多种类、多向度的选择权，实现自主选择、自我管理与个性化发展。

新高考制度旨在破除教育旧规，满足学生多样化的学习需求。学生根据自己的兴趣爱好、学科优势以及未来愿景进行学科、课程的选择，由此形成教学机制的融合性，带来更大程度的教育扁平化，这将以无可比拟的力度推动全民素质的提高。

一、国家政策推动招生、考试、教学全面改革

中国教育改革的进度在逐渐加快，这主要体现在国家推出的三个重要文件发挥了强有力的推动作用。

2014年9月，《国务院关于深化考试招生制度改革的实施意见》（以下简称《考试招生制度改革》）公布，经过上海和浙江等地试点，全国有31个省（区、市）公布了高考招生制度改革方案；2022年新的高考制度将全面实施。

2017年4月，教育部、国家发展改革委、财政部和人力资源保障等4部门印发《高中阶段教育普及攻坚计划（2017—2020年）》，指出普及高中教育是进一步提升国民整体素质、建设人力资源强国的基础工程。可以有效地提高全民教育水平，从而有效地提升全民素质。

2019年2月，中共中央、国务院印发《中国教育现代化2035》。明确了教育现代化的战略目标、战略任务和实施路径，为深化重点领域教育综合改革增加了新动力。

（一）《考试招生制度改革》为中小学教学改革提出新要求

《考试招生制度改革》的指导意义在于破除"唯分数论"观念，改变"一考定终身"状况，破解中小学教育选择性低的

难题。遵循教育发展规律和人才成长规律，扭转片面应试教育局面，深入实施核心素质教育，为学生成长成才提供更多机会、更大舞台。

1. 高考考试科目设置体现学生个性化特点

《考试招生制度改革》指出："增强高考与高中学习的关联度，考生总成绩由统一高考的语文、数学、外语3个科目成绩和高中学业水平考试3个科目成绩组成。保持统一高考的语文、数学、外语科目不变、分值不变，不分文理科，外语科目提供两次考试机会。计入总成绩的高中学业水平考试科目，由考生根据报考高校要求和自身特长，在思想政治、历史、地理、物理、化学、生物等科目中自主选择。"考试模式的改革给学生提供了个性化选择学习的空间与实现自我成长的强烈愿望。改变了无论国家怎么强调素质教育，学校和教师"唯分是图"的观念毫不改变的僵化局面。

紧随《考试招生制度改革》，浙江省人民政府印发《浙江省深化高校考试招生制度综合改革试点方案》，规定选考科目"考生根据本人兴趣特长和拟报考学校及专业的要求，从思想政治、历史、地理、物理、化学、生物、技术（含通用技术和信息技术）等7门设有加试题的高中学考科目中，选择3门作为高考选考科目"。这就是浙江省实行的"七选三"。上海市人民政府印发了《上海市深化高等学校考试招生综合改革实施方案》的通知，规定"普通本科院校可根据办学特色和定位，以及不同学科专业人才培养需要，从思想政治、历史、地理、物理、化学、生命科学6门普通高中学业水平等级性考试科目中，分学科大类（或专业）自主提出选考科目范围，但最多不超过3门"。这就是上海实行的"6选3"。

新高考制度是国家推动教学模式改革的发力点和起动机，学生可以选择自己感兴趣、有优势的科目参加高考，提高了学生学习的自主性，也强化了内动力，为综合性人才、创新人才培养发挥出体制和机制的推动作用。

2. 录取机制注重学生核心素质评价

《考试招生制度改革》指出："探索基于统一高考和高中学业水平考试成绩、参考综合素质评价的多元录取机制。高校要根据自身办学定位和专业培养目标，研究提出对考生高中学业水平考试科目报考要求和综合素质评价使用办法，提前向社会公布。"录取机制的改变，破除了"一考定终身"的旧有模式，从更多视角体现学生的核心素质。

3. 以考试内容改革带动教学模式改革

《考试招生制度改革》指出："依据高校人才选拔要求和国家课程标准，科学设计命题内容，增强基础性、综合性，着重考查学生独立思考和运用所学知识分析问题、解决问题的能力。改进评分方式，加强评卷管理，完善成绩报告。加强国家教育考试机构、国家题库和外语能力测评体系建设。"考试内容的改变倒逼中小学教学模式的改变。

（二）《高中阶段教育普及攻坚计划（2017—2020 年）》对教学改革的潜在影响

国家"十三五"经济社会发展规划纲要将高中阶段教育普及攻坚计划列入教育现代化重大工程。普及高中阶段教育是我国继普及九年义务教育之后进一步提升国民整体素质、劳动力竞争能力、建设人力资源强国的重大举措。普及高中教育能够更加体现教育的公平与平等。对于中小学教学改革将产生的广泛而深远影响，对提高整个中华民族整体素质，为各行各业的发展满足人才需求，推动科学技术研究的现代化，都将具有里程碑意义。

1. 为高中提升教育质量增加推动力

《高中阶段教育普及攻坚计划》指出："改革人才培养模式，落实立德树人根本任务，全面提高学生社会责任感、创新精神和实践能力。增强普通高中课程选择性，推进选课走班，满足学生多样化需求。提高中等职业教育专业吸引力，加强技术技能培养和文化基础教育，实现就业有能力、升学有基础。"对于高中课程改革提出了具体要求，选课走班将成为全面实施的教学模式。

2. 对高中教师队伍建设提出更高要求

《高中阶段教育普及攻坚计划（2017—2020年）》指出："适应普及和高考综合改革的需要，根据城乡统一的编制标准要求核定教职工编制，为学校及时补充配齐教师，特别是短缺学科教师。探索采取政府购买服务方式，解决中等职业学校'双师型'教师不足的问题。加强县域内教师统筹调配力度，探索建立校际之间教师共享机制，盘活用好教师资源。各地可以通过多种方式吸引优秀毕业生到贫困地区任教。加大中等职业学校'双师型'教师培养力度。"随着教育教学改革步伐的加快，教师的流动性将进一步增大，为实现学生的个性化学习需要，调配教师的编制和考核机制成为势在必行之举。教师由死编制到全方位地动起来、强起来，将为教育功能的发挥创造出不可估量的生机。

3. 促进高中教学向多样化、特色化发展

《高中阶段教育普及攻坚计划（2017—2020年）》指出："深化普通高中课程改革，加强选修课程建设，充分利用校外教育资源拓展校内课程的广度和深度，增强课程的选择性和适宜性。""建立学生发展指导制度，加强对学生课程选择、升学就业等方面的指导。探索发展综合高中，完善课程实施、学籍管理、考试招生等方面支持政策，实行普职融通，为学生提供更多选择机会。建立普通高中和中等职业学校合作机制，探索课程互选、学分互认、资源互通。推进学校教育质量综合评价改革，改变单纯以升学率评价教育质量的倾向。充分利用信息化手段促进优质教育资源共享，满足个性化学习的需要。"高中阶段义务教育普及后，学生在学科选择、课程选择方面的要求会进一步加大，学校的教学模式、教学管理体系改革的力度会进一步加大。

（三）《中国教育现代化 2035》对教学改革的根本要求

《中国教育现代化 2035》是我国第一个以教育现代化为主题的中长期战略规划，是新时代推进教育现代化、建设教育强国的纲领性文件，定位于全局性、战略性、指导性，对标新时代中国特色社会主义建设总体战略安排，系统勾画了我国教育现代化的战略愿景，明确了教育现代化的战略目标、战略任务和实施路径。

1. 教育教学现代化要实现"八个更加注重"

更加注重以德为先，更加注重全面发展，更加注重面向人人，更加注重终身学习，更加注重因材施教，更加注重知行合一，更加注重融合发展，更加注重共建共享。增强综合素质培养，树立健康第一的教育理念，全面强化学校体育工作，全面加强和改进学校美育，弘扬劳动精神，强化实践动手能力、合作能力、创新能力的培养。

2. 加快信息化建设，创新教育教学模式

加强课程教材体系建设，科学规划大中小学课程，分类制定课程标准，充分利用现代信息技术，丰富并创新课程形式。建设智能化校园，统筹建设一体化智能化教学、管理与服务平台。利用现代技术加快推动人才培养模式改革，实现规模化教育与个性化培养的有机结合。创新教育服务业态，建立数字教育资源共建共享机制。创新人才培养方式，推行启发式、探究式、参与式、合作式等教学方式以及走班制、选课制等教学组织模式，培养学生创新精神与实践能力。

3.为教育改革建设高素质教师队伍

健全以师范院校为主体、高水平非师范院校参与、优质中小学为实践基地的开放、协同、联动的中国特色教师教育体系。强化职前教师培养和职后教师发展的有机衔接。夯实教师专业发展体系，推动教师进行终身学习和专业上的自主发展。

4.进一步完善教学质量评价标准体系

制定覆盖全学段、体现世界先进水平、符合不同层次类型教育特点的教育质量标准，明确学生发展核心素养要求。完善学前教育质量考核标准。建立健全中小学各学科学业质量标准和体质健康标准。健全职业教育人才培养质量标准，制定紧跟时代发展的多样化高等教育人才培养质量标准。建立以师资配备、生均拨款、教学设施设备等资源要素为核心的标准体系和办学条件标准动态调整机制。

二、新高考制度推动教育教学实施颠覆式改革

国家中高考招生制度改革主要想解决三个问题：一是减少学生与大学双向选择权过少，导致大学特色发展和学生个性化成长不足的问题；二是转变一考定终身这种片面的、单一性的选拔方式，以综合能力评价选拔学生；三是降低"人生大考"给教师、学生和家庭带来的心理负担。

2016年9月，教育部发布《关于进一步推进高中阶段学校考试招生制度改革的指导意见》（以下简称《指导意见》），该《指导意见》与2014年国务院发布的《关于深化考试招生制度

改革的实施意见》相配套，基本目标是推进综合素质评价，落实素质教育，消除"唯分数论"，给大学和高中毕业生释放一定的选择空间。

（一）高考制度改革引发教育体系变革

高考制度长期以来一直是基础教育的指挥棒，"唯分数论""一考定终身"的蹩脚模式也是应高考制度而生。因此，国家推出的中高考制度新政对于促进教育公平、科学选才、促进学生全面而有个性地发展，具有划时代意义。改革考试招生制度后，扩大了学生的选择权，就把高考的造就功能摆在了选拔功能之前。简言之，是把促进学生健康快乐成长摆在了头等位置。

1. 新高考制度提高了教育薄弱区高考录取率

国家为了增加农村学生上重点高校人数，推出了一系列有利于促进教育公平的举措，如减少和规范考试加分，完善、规范自主招生，实施高考成绩公布后填报志愿等方式。在录取制度改革方面沪、浙方案明确规定录取不分批次，实行专业平行投档。在科学选拔人才方面采用的方式方法更加合理、科学。

2. 新高考制度破除了僵化落后的教学模式

教学模式创新主要体现在三个方面：一是打破了文理分科的界限，有利于促进学生的个性化发展。二是除了国家统考科目外，学生可以自由选择其他高考科目。而且考试内容将"着重考查学生独立思考和运用所学知识分析问题、解决问题的能力"，有利于促进综合性人才、创新人才的培养。三是考试形式增加了学生的选择性。不仅统考中的外语将要实行一年两考，国家还要求"各地要合理安排课程进度和考试时间，创造条件为有需要的学生提供同一科目参加两次考试的机会"。

3. 新高考制度以差异性体现成长的多元性

学生的兴趣爱好、知识基础、智力水平是有差异的，学生自身的学科优势也各有不同，不可能通过标准划一的考试把学生的潜能充分展现出来。新高考制度给予学生一定的选择空间，也给学生在基础教育阶段提供了自由成长的空间。顺应高考制度改革的宗旨，学校要让一些具有不同个性特点、不同优势潜能的学生，更好地发现自己、成长自己、发展自己。人才就如出土的竹子，以不同的状态向上成长。

（二）为适应新教育模式，教材、教辅内容需多元化

新高考制度、新课标要求教材和教辅要展现新面貌才能适应教学模式变革的需要。教材和教辅的选择将要围绕以下四个方面开展。

1. 选择将学生人文精神培养融入学科教材、教辅

教材和教辅需要将与思想品格培养有关内容具体化、精髓化，在学科教育的过程中转化为学生的人格素质。学生完成不同学段、学程、学科学习内容后，人格修养应该达到一定的程度要求。只有这样，教材、教辅才能以润物细无声的方式在学生人格教育中发挥作用。

2. 选择以学科核心素养为重要内容的教材、教辅

新课标的最突出的特点就是明确了每门学科的核心素养要求。高中新课标涉及所有高中学科，共14门，内容变动比较大。例如，高中语文学科的核心素养主要是四个：一是语言建构与运用，二是思维发展与提升，三是审美鉴赏与创造，四是文化传承与理解。可见，学科核心素养的要求层次大大提高，已不再强调碎片化知识或任何知识点。教学评价、学生的综合素质评价，将

会围绕提升学生的学科核心素养，更加重视解决实际问题的能力。这就使教材、教辅的选择要大幅度向这方面倾斜。

3. 选择注重学生思维能力培养的教材、教辅

基础知识虽然仍是每门学科教材、教辅的重要内容，但对知识的系统理解、综合运用及对思辨能力的训练将是更为重要的内容，因为这部分内容对培养学生独立思考能力和创新意识发挥更大的引领作用。对学生进行批判性思维、发散性思维、聚合思难能力训练的内容，是未来每门学科教材、教辅改进的主攻方向。以往学科教材、教辅注重对知识的识记与理解，这种传统、陈旧的内容已不能适应新高考制度实施的要求。因此，教学管理者和教师为了加强学生思维训练、创新意识和实践能力培养，就要选择内容适合全新教育模式的教材和教辅。这虽然是个不好掌握的难题，也不能仅仅局限在课堂教学或学科领域进行，但是完全可以选择从中小学教育先进国家教材中汲取教材、教辅的内容，在教学实施过程中做到"他为我用"。

4. 选择注重学科统筹的教材、教辅

注重学科统筹的教材、教辅能在六个方面得以强化：一是加强学科间的相互配合，注重多学科综合内容联动式教学需要。内容的选取注重各学科知识点的贯通和联系。二是统筹好各学科间的学段、学程关系，使小学到初中、初中到高中、高中到大学的学习内容相互衔接，尤其是高中的学科教材要有大学课程适当下沉的内容。三是加大实践、实验、社会服务类课程的内容。四是学科教材要适当增加深度，适合学生进行研究式学习、探索性学习和创新知识的需要。五是学生综合素质的提升必然伴随大量的阅读活动，教辅的数量和广度要适当增加。学校的互联网教学平台，要为不同学段、不同学程、不同学科配备适当的精品阅读内容。六是由于无纸笔学习是未来学生学习的方向，线上学习将成

为常态化。教师应为学生线上自主学习，教师自主教学、实时答疑留下足够空间，所选择的教材一定要有高水准、精髓性内容。

（三）教师放下自我转向以学生成长为中心

中小学教学长期以来受高考、中考制度和入学比例的影响。为了获得较高的升学率，教师的教学以学生在考试时取得好成绩为轴心，考什么就教什么、考多少就教多少、不考的不教。严重地违背了教育多元化、系统化的客观规律。教师明明知道学生的智力发展有多种维度，不同学生的优势不同，不可能通过标准划一的考试把学生各种不同的潜质开掘、展现出来。但是，学生的升学率与个人的工作成就和福利待遇挂钩，教师别无选择。

随着全球教育变革的速度加快，"应试教育"这种旧的教学模式必须有较大的突破。中小学教育教学顺应考试制度改革的宗旨，教学方式方法正在逐渐改变。尽管许多学校还在"摸着石头过河"，全面、彻底的变革已经为期不远。具有不同个性特点、不同优势潜能的学生，通过改革后的中、高考，一定会展现出令人赞叹的、不同向度的特质和能力，教师不管是否愿意、是否有主动性，都将走到引导学生更好地发现自身特质、发展自身优势的轨道上来。

1. 教师思想观念从成绩捆绑的桎梏中解放出来

在旧的考试招生制度实施过程中，教师的教学任务几乎单纯地成了向学生灌输所考知识，教学经验也成了灌输式的技巧大比拼。这就形成了一种悖论：学生的考试成绩提高比个性化发展更重要。教学管理者和教师一味地强调学生成绩，即各科分数的提高，而不顾及学生先天能力的反映，不顾及学生的兴趣、爱好、特长、优势。把学生学习成绩的提高与集体荣誉、教师工作绩效、地方政府的政绩等都捆绑在了一起。中小学教育将学生的学业成长归错了位——关键在于教师如何教，而不在于学生如何学。不仅学生的个性发展被绑架，教师的思想观念、所思所想也被绑架到错误的认知上去了。因此，影响了综合性人才和创新型人才的培养，其结果就导致因创新型人才的短缺，在核心技术上落后于人。

中高考制度改革的重要性就在于，教学管理者和教师思想的解放，将教学效果的决定因素归位于学生如何学，而教师如何教处于协同学生学习的位置，而并非是知识传授的权威地位。因此，教师需要重新定位自己的角色，重新思考如何按教育规律利用新技术开展教学活动。

2. 教师要勇敢面对"被选择"的挑战

中高考制度改革在给学生更大的选择机会的同时，也给教师带来了"被选择"的挑战。学生选科就是意味着选择教师。教师以稳坐泰山的心态对待学生的选择，就要承担落选的尴尬命运。教师需要通过自主学习、升级学历教育完善自己，甚至需要向拥有更多更大的教学与课程主导权方向发展，实现师生双方在选择过程中的对位，在互动和相互改变中达到更优的选择结果，这样才能符合新考试招生制度改革、教学模式变革的需要。

3. 教师增强自身能力，学作学生"导师"

新的中高考制度要求教师不仅仅需要把课程设计好、教好，还要求教师了解学生的个性特点和成长需求，并依据学生的个性特点和成长需求选择、设计课程的内容和学习方式，让学生在自己感兴趣、有特长的方面快速发展。这就需要教师更多地向大学"导师"的角色转变。教师不再只是传授知识，而是调动各种教育资源，如运用互联网、大数据、人工智能的资源协助学生成长，为学生的人生规划提供各种服务，当学生立足于个人兴趣、爱好、特长、优势后，帮助他们得到快速发展。

中小学教师的责任和使命，就是及时以"导师"的角色提供正确的教育信息服务，为不同的学生搭建各不相同的知识骨架，根据学生兴趣、爱好、特长、优势和职业规划制定指导性学习计划，在学习、实践、创新知识的进程中发现自身的知识需求，完善自身的知识结构，提升自身的创新能力。

4. 教师要习惯从"独唱演员"退居为"合奏者"

新的中高考制度及带来的教学理念、教学方法的改变，将使学生由接受知识的容器向具有自主人格、创新能力或综合能力的方向发展；由对考试的准备变为对人生目标的理解和探求；由对知识的背记者变为知识的创新者。教师由依靠经验变为通过科学技术研究来确定工作内容；由重复现成知识变为依据新的学生需求与学生相互生成新知识；由学生的威严师长变为学生可信赖的朋友。师生是走向创新知识过程中的共同体验者，是探求真理路上携手共进的同伴，也是智力融合最给力的"合奏者"。

中高考制度的改革迫使中小学教育教学工作全面转型，教师的角色实现"翻转式"改变，开放型、民主型、专家型、伦理型教师，即集多重角色于一身，是未来教师能力的必然选择。对于这样的未来职业定位，教师不仅要有明确的认识，还要在教育教学实践中得以体现。

三、教学模式变革之益——学生预约自己的未来

每个学生在身体条件、心理素质、思维能力方面都有很大的不同，每个学生的兴趣爱好受先天因素、生活环境、家庭教育等多个方面的影响，这些来自先天的、后天的、客观的、主观的种种复杂因素，构成了每个学生的个性特质。教育顺应学生个性特质的发展需要，才能把学生培养成为出类拔萃的人才，这一点已经成为人类社会的普遍共识。

（一）学生在接受教育的过程中不断激发"三自"

为实现教与学的效能最大化，须使学生不断发现自己、成长自己、发展自己，在"三自"上自我更新。

1. 顺应学生"三自"，创新人才不断涌现

从近一百年来全球教育的发展来看，各国教育改革以顺应学生智力发展需要的方式方法向前推进，顺应的程度越高，人才培养的效果越好。在20世纪初，发达国家就对发源于中世纪的传统课堂教学模式进行变革，培养了大量优秀人才和创新型人才，使发达国家在许多领域占领了科学技术的高地。进入21世纪后，我国也认识到了传统教育模式的弊端，且寻求渐进式的改革。党的十八大后教育改革的力度不断加大，以高考制度为引领的教育教学变革步伐日益加快，可以说颠覆性的教学模式变革正在发生，适合学生个性发展的教学模式必将为优秀人才、创新人才的培养注入更大活力。

2. 中高考改革适应学生的自主发展

按照新高考改革方案，除语文、数学、外语这3门全国统考科目外，学生可自主选考物理、化学、生物、历史、地理、政治等其他课程，从6门科目中选考3门或从7门科目中选考3门，外语可一年两考。浙江的新高考改革方案规定，三门自选高考科目每门都有两次考试机会。按照新中考改革方案，考试科目将从原来固定的五门科目，改为语文、数学、外语3科必考+3科选考＋体育的模式，总分保持不变，即除了语文、数学、外语3科必考外，学生可自主从5门科目（物理、生物和化学、历史、地理、思想品德）中选考3门，外语可以一年两考。在这种政策背景下，学校的教学组织、学生的学习方式乃至校园文化都将发生颠覆式改变，学生根据自身的兴趣、爱好、特长选择学习内容，

犹如在自己热爱的土地上培育喜欢的植物，会在未来得到所期盼的结果——学有所成、成有所创、创有所获。

3. 为学生自主学习"辅""放""导"

学生掌握了自主学习的方法，就能在兴趣的驱使下更快乐、更有效地去获取知识、创新知识。教师通过"辅"教会学生处理各种知识信息。在学生分析问题、处理信息的能力还比较有限时，教师要与家长一起辅导他们，让他们学会分项整理，再综合挑选自己最喜欢、与自己的课程内容最贴切最有用的资料和信息。教师通过"放"的方法，让学生学会自主选择学习内容，掌握寻找资料、从事实验、筛选信息的方法。教师要以学生在自主学习、小组学习、研究性学习的过程中出现的问题为切入点，通过"导"——引导、疏导、指导的方法，教会学生主动掌握研究问题的方法，解决学习中遇到的难题。

教师教学方式由单向知识传授变为师生双方合作生成的实践中，要根据学生现实状态和成长需要设计教学内容，而不仅仅是依据教案照本宣科。教育教学按照每个学生个性化发展需要"量身订制"，注重课程学习与创新活动有机融合。尽可能扩大学生自主化学习时间与空间，充分调动学生的主动性、积极性、能动性，使学生最大限度地提高学习的目标性和实效性。

（二）学生核心素质评价引导课程改革

旧的中高考制度重点体现选拔功能，新的中高考制度将促进学生成长、教育公平两个因素得以充分地体现，招生工作不再由招生办包揽，学生、高校有了更大的参与度，扩大了双方自主选择的空间。原来完全是"唯分数论"，改革后不仅要看分数，还要看核心素质评价，即要看分数又要看能力素质。

1. 学生评价由"看分数"向"核心素质"的转变

中小学教学管理者和教师需要更加明确地确立以人为本、以学生为中心的教学观，更多地着眼于学生的成长发展。学校在教学、管理上都要做出有开拓意义的调整。如果有学校变革的速度跟不上时代要求，教学还是盯着考试分数一项，学生的竞争能力就会大打折扣。因此，教学活动的开展需要高度关注过程，而不只是考试结果。由于新高考制度更加重视教育公平，教学重点不能只放在成绩突出的学生身上，而应尽可能做到因材施教，为帮助每个学生的成长提供教育资源。由于学生素质评价不只是依据一次性的中考、高考分数，学校就要采取多种措施对学生进行核心素质培养；由于更加重视学生的创新意识和实践能力，学校就要提高学生自主学习、社会实践的能力，充分利用教学时间和教育环境进行更宽口径、更多维度的教学内容拓展。

2. 以创新学生评价带动课程开发设计的转向

中小学教学观的改变具体表现在两个方面：一是根据学生成长发展需要进行课程的开发与设计。转变从前"考什么教什么""不考就不教"的旧观念，使课程建设与学生未来职业生涯规划结合起来，依据学生的兴趣、爱好、特长、优势进行课程开发设计，学生想学什么、能学好什么，教师就要教什么。根据学生所学设计考试内容，高考、中考增加多种选考科目，以便于适应学生的自身发展需要。教师需要帮助学生进行未来职业生涯规划后，在课程设计中按照这个规划来选定教学内容；学生成长需要变更课程结构，教学就要进行相应的课程结构调整，最大限度地满足学生的成长需要，"以变应变"才能真正做到教育的以人为本和以学生为中心。

3.为学生的"必"与"选"汇集教学资源

中小学校按国家课程计划开发设计必修课程的同时，要把选修课程的开发设计提高到同等重要的位置。学校要切实增强"私人订制"式课程开发意识，全面提升教师的课程实施能力。无论是必修课还是选修课，力争做到定位准确、结构完整、层次清晰、推进有序，满足不同个性特质学生的选考要求。

学校在教学安排方面要统筹课程之间、年级之间的均衡性和学科学习的连贯性、可持续性。防止挤压选修课程课时现象，造成一、二年级课程多、负担重，三年级时只应对必考科目的现象。防止强制性集中补课赶进度、强制性统一设置学生选考科目套餐、强制性简单组合分班等现象的发生。

4.学业扎根兴趣爱好，让学生飞得更高、更快、更远

教师指导学生要根据学习兴趣特长、学科学业基础、专业发展趋向、高校招生要求自主选科目、选层次、选教学班级，合理规划学业。要根据学校师资、装备和发展水平等实际情况科学合理安排课程教学，提前告知选考科目教学班的最大容纳量和师资配置情况，引导学生有序选择。同时要充分挖掘校内外资源，尽可能满足学生的选课需求。

在南非比勒陀利亚，一个男孩对学校感到无聊。坐在教室里听老师讲书本上的内容让他提不起任何兴趣，于是他用父亲给自己的电脑自学编程，成功设计出一款太空游戏软件，卖出了500美元。这是他赚到的第一笔钱，也是他完成的第一个关于太空的项目，这一年他12岁。又过了12年，他在宾夕法尼亚大学毕业，进入位于加州硅谷的斯坦福大学攻读物理学博士学位。入学两天后，他选择退学创业，利用天使投资创办为新闻机构开发在线内容出版软件公司，从此他就踏上了创业和太空冒险的征程，他就是埃隆·马斯克。

相关研究也表明：兴趣能吸引人到知识积累和创新知识的激流中去，迸发出献身所钟情的学业、事业的决心，百折不挠地去获取知识硕果，使人发现学习和创造的奥妙。激发学生学习的兴趣是教育取得成功的根本，围绕这个根本开展教学活动就会事半功倍。

（三）选课走班——教学模式变革的"传动轴"

如果把中高考制度改革比作中小学教育的"发动机"，那么选课走班制就不是一项简单的教学组织形式的改革，而是推动学校教学管理、教育质量提高的"传动轴"。正如发动机和传动轴互相依赖而产生作用，中小学教育变革的推进，考试制度和教学管理体系的创新二者缺一不可。

1. 课程的主导能力与开发能力齐头并进

考试制度改革使中小学教育从关注冷冰冰的分数，转向关注每个学生的个性化发展。学校必须高度重视并深入推进课程建设。不仅要提高教学管理者的课程主导能力、教师的课程开发能力，还要认真研究国家颁布的课程标准，制订多元化、先进性的课程建设规划、课程实施方案，开发学校自身特点和学生个性化成长需要，能充分体现科学性、合理性、一致性的优势特色课程。在开足、开齐课程的基础上，从办学基础、师资规模、教育资源利用等客观实际出发，坚持必修分层、选修分类、体艺分项，推进从小走班、到中走班、再到大走班的进程，尽最大努力满足学生的选课需求；从师资安排、课表订制、学生管理、教学评价等方面全方位地建立选课走班教学制度体系。

2. 学校软硬件体系建设全面升级

选课走班制对师资队伍建设的挑战，主要在于学校要做好教师统筹管理。采取跨年级授课、按"学程"授课后，需要深度挖掘教师的专业潜力、培训综合能力，做到"一专多能"。在提高教师专业素质的同时，还要在学科教学能力、教学风格、人格魅力、科学技术研究水平等方面加强培训。此外，学科教师还要有与选课走班制相匹配的班级管理能力、科学指导学生职业生涯规划的能力。

在学校管理创新方面，需要建立学生选课平台、未来职业生涯指导中心、教学评价中心、学生综合能力测评中心，建立全员育人的导师制度、学生未来职业生涯指导制度、学生咨询制度、教育系统和社会机构的合作等制度。

学校的基础建设要着眼于互联网、大数据、人工智能技术应用，开发学生选课走班系统、未来职业生涯规划指导系统、综合素质评价系统。要争取更大量的资金投入，建设功能强大的学科教室、创新实验、实践教学基地，增强教学的针对性、有效性。推动各种先进信息技术在选课走班中发挥更大作用，实现走班、选课的一站式服务，支持学生自主选课系统自动生成课表，实现师资、教室等资源利用的最大化。推动完全开放式的适时教育、移动终端教学进入更快的发展轨道。

3. "行政班"弱化的同时"教学班"日益兴盛

分层教学、跨学科选课走班是实现个性化教学框架下的阶段性选择。如何分层是较为复杂的问题，可由学生选择某门功课的学业成绩决定，也要根据学生的发展变化情况进行适当调整。

选课走班是一种新型的教学组织类型。但并不是一个固定的模式，全国各中小学尽可能选择适合学校本身的方式。如果选课走班组织得不好，学生的学业水平的提高没有依据组织形式的变化而出现大幅度的提高，在选课走班制势在必行的情况下，依然会出现学生综合素质下滑的局面。因此，在实际操作当中，各校需要依据师资能力、学生的知识结构确定一些具体的、个性化的选择方案来应对中高考制度改革。

　　选课走班是对学生自主选择学习的充分尊重，也对教师的教育理念、教学能力提出了挑战。教师必须要确定适合学生的选课走班方案、课程组合、管理方式。在教学内容上各学科都需要根据不同学生的兴趣爱好、自身优势提供自主学习方案，增加参与社会实践活动机会，满足学生多样性成长发展的需求。这样做的基本目标是使教育更完整，更多样，更好地满足不同学生成长发展的真实需要。在开展主题活动中，扩大学生的自主选择性，倡导"扬长教育"，减轻学生的应试负担，使学生在自身兴趣、爱好方面得到快速发展。

第二章

选课走班制与教学模式“大翻转”

新课程改革实施以来，选课走班成为我国中小学校实现育人目标的有效路径。学习发达国家实施选课走班成型经验，明确这种全新教学模式的方式方法，分析北京、上海、浙江等地名校进行尝试的各种举措，有助于新高考制度下突破陈旧、僵化的教学模式，取得令人瞩目的进展。

自新中国成立到高考试点开始，中小学传统教学班模式几十年未曾有大的改变，每个学校一定分年级，每个年级都要分几个行政班，学生多班级多，学生少班级少。每个班有自己固定的教室，教学状态是"学生不动老师动"——学生在固定的教室里学习，教师则穿行于不同的教室授课。但是中高考改革之后，学校的制度和教学模式要来个大翻转：学生不再有固定的教室，变成了"老师不动学生动"，即老师在固定的教室授课，学生需要到不同的教室去听课。发达国家的一些学校，教师的办公室就是学生的教室，教学设施、参考资料一应俱全。中国的中小学教育也逐渐地向这个方向转变。

一、发达国家中学选课走班经验

英国、芬兰、美国是实施选课走班制较早的国家，其教育特色鲜明。

（一）英国中学选课走班制的特色及经验

1. 英国中学选科走班制的特色

让每个学生得到充分的发展是英国基础教育一直不变的目标，教育教学模式也围绕这一目标设定。英国的小学是全科包班制，到了中学之后，开始实行选课走班制，每个学生都有一张自己的课表。英国中学的分层教学并非简单地将学生分为低、中、高三个层次，而是学校根据治学特色推出具有学科特色的课程，学生根据自己的兴趣、爱好、特长选择不同层级的课程走班学习。英国的学科分层教学既能够在核心学科中开展，也能够在所有选修学科中开展，还可广泛地应用于跨年级教学中，采用何种方式的立足点是尽可能开掘学生的潜能。

（1）选课走班制以学生未来发展为导向

英国学生进行选课的主要特点是，以学生未来职业生涯规划和自己的兴趣、爱好、特长以及学科之间的联系为依据。无论学生将来在哪个学段学习，学校都会为学生开设多种多样的课程，为未来学习提供坚实的基础知识结构。不同学校开设的课程以及选课模式均有不同。

伊顿公学的学制根据学生学习能力和学科水平，分为普通年级、专家型年级，课程设置亦依此划分为基础阶段课程和专家级课程。基础阶段课程即普通年级学习课程，注重基础性，科目设置多而全，英语和数学是核心课程，科学（物理、化学、生物）和外语为重要课程。英语和数学是必修课程，生物、化学、物理是主修课程，语言课程和艺术课程兼修，从而保证通识教育的均衡。专家型年级学习课程，注重学术性，以升大学为目的，具有大学预科性质，专业水平高，学生自主选择范围广，追求精深治学。学生升入更高年级以后，学习科目大幅度减少，学生开始主攻自己感兴趣的学科，选课的立足点是自己大学所学专业并为以后的工作做准备。

伊顿公学的课程正如一个衣帽间，学生只需找到适合自己的号码即可。伊顿公学注重基础课程与提高课程两者并重，"走班制"教学在此基础上得以有效实施。

哈罗公学鼓励学生在 12 年级开始就思考大学和专业选择，设置了专门的大学申请学术团队来负责大学申请的准备工作，包括从最初的课程选择到大学申请提交，为学生提供详细的、定制的大学专业申请建议和资源，以确保学生做出正确的决定，并最大限度地利用好入学前的选择机会。

哈罗公学的职业生涯规划团队，在学生还是较低年级时就提供课程选择、职业规划以及工作经验方面的指导，鼓励学生参加职业教育讲座。这些讲座由律师、国会议员、公务员、投资银行家、特种部队成员、毕业生招聘专家、广告主管、外科医生和工程师等担任主讲，学生通过听讲座提高对各种职业的认识，帮助学生考虑自己的大学入学考试课程和学位课程选择，为以后成功步入职业生涯做好准备。

学生的选课在导师、教师、职业生涯规划指导团队和大学申请学术团队的指导下进行。此外，学校还组织大学招生宣讲和家长信息交流会，邀请世界各地的招生导师来学校访问，为学生选课和职业生涯规划提供准确的信息。

学生经过各种能力平衡提交选课决定之后，想要进行修改仍然可以提出申请，但申请是否被采纳取决于所选课程是否有名额以及课程时间安排是否合适，通常在学期末考试结束后，学校安排协调下一学期课程。

根据英国课程标准要求，各中学都需要为学生提供职业生涯教育课程，以便于学生选课、升学选择。职业生涯教育课程主要采取了三种模式：一是学校内部设定的职业教育课程；二是校外的相关机构提供的职业教育服务；三是校内外共同合作进行的职业教育。第三种模式各中学应用得较多，因为校外的组织机构更了解用人单位的需求，而校内的老师对课程建设更为了解，两者结合对学生的职业生涯规划教育更有益处。

（2）选课走班制体现学科分层、教学方案的多元化

英国中小学的分层教学涉及多个方面，在对学生分层的基础之上，要求具有适合各层次学生的学习目标、教材以及学习效果评估方案。

首先，学生需按知识掌握水平分层。

当前，英国中小学学科分层教学主要有两种形式。第一种，

根据学生某门学科的总成绩分为高中低三个层次；第二种，同一学科根据不同内容进行分层，比如英语还可以根据读、听、写、分析能力分层。

其次，分层确定教学目标和教学内容。

教师在制订教学计划时，需要根据学生能力水平制定不同的教学目标，如针对高、中、低不同层次的学生分别制定适合其发展的目标，被定义为基础阶段目标、发展阶段目标和创作或创意阶段目标。目标的制定需要确保每个学生在经历一个阶段的学习之后都有可能达到该目标。基础阶段目标相对来说比较简单，学生经过努力就可达到。发展阶段目标有一定的难度，中等学生通过努力也可达到该目标，这个目标达成的过程，重在培养学生分析和解决问题的能力。创作或创意阶段目标需要为能力强的学生提供挑战性的学习内容，突出分析、综合、运用知识和创新知识能力，教学内容也需要进行更有深度的扩展。

（3）与教学目标相对应的分层测试

为适应学生分层的教学目标和教学内容，也有对应的测试分层。学生测试分层包括即时性测试和阶段测试。分层测试方法有很多种，这里列举其中一种最常见分层测试：教师根据阶段测试的要求，将试卷内容分为基础题、理解题、综合题三部分。基础题占60%，理解题和综合题各占20%。低中高三个层级的学生分别进行不同类型的测试。低层级学生只参加基础类测试，中等层级的学生参加基础类和理解类测试，高层级的学生需参加整个三类测试。最终将考试分数乘以相应的比例得到最终的测试成绩。由于对不同级别学生要求不一样，对学生的评价和学生的测试成绩仅仅在同一个层次内进行比较。

2.英国中学选课走班制的经验

英国许多学校每个班级最多人数在30人左右，有些学校班级规模更小。同时，很多学校除了有专业的任课教师以外，还会设置导师、舍监等和教职协同，为学生提供更全面的辅导和帮助。如伊顿公学，在学生入学初，舍监会把一个学生交给一个导师负责，导师负责促进学生的个人、文化以及社会实践等方面的能力提高。从师资力量对比方面，英国有着更加充足优质的师资力量，这一项是英国实施走班制的基本保证。由此看出，这也是关注学生感受和鼓励学生进步的师资结构。

我国公办学校的办学拨款来自于当地政府机构，因此从班级规模来讲，有些地区的学校一个班级内的人数高达90人甚至更多。在这样的情况下，一个班主任难以做到对每个学生进行详细了解，更难以做到对每一个学生提供个性化辅导，师生比较低使选课走班制的实施受到很大的局限。英国当前实施的选课走班的经验向中国学校迁移主要表现在以下4个方面。

（1）提高学校的师生比

英国实现选课走班制的一个重要依托是充足优质的师资力量为小班化教学提供了条件，教师能够根据班级学生学习状况给予及时的个别指导。我国中小学校要逐渐提高师生比，努力提高教师待遇，加大对学校的资金投入，使每个学生的学习都能得到更多关注和指导，这样，选课走班制的效能才可以发挥到最大。

（2）设置学校特色课程

英国中学的课程门类齐全，不仅包括自然科学和人文科学等基础课程，学校还根据学生自身发展需要自主研究和开发新课，学生根据自身兴趣爱好及未来职业生涯发展方向选择课程。我国中小学校要在国家课程标准的基础之上设置学校特色课程，结合本校教师、设施等资源和引进校外优质教育资源，开设具有本校特色的校本课程，最大限度去满足不同学生的发展需求，让学生可以根据自身所擅长的科目、兴趣爱好和未来职业规划方向制定个性化选课走班方案。

（3）开展分层测试

英国中学在课程分层的基础上，设置分层教学目标及分层测评体系，对学生的各学科按照测试结果进行能力评价，有助于教师定期跟踪学生在一定阶段达到匹配目标的情况，使其顺利进入到下一个阶段的教学层级。引入分层测试方式，对基础层级的学生来说，有助于巩固基础，及时调整学习计划；对处于综合级的学生可以突出学科优势，促进学生进行学科综合和进一步的能力提升；而对于处于创新、创意级的学生，可提供更有挑战性的学习与研究任务，真正做到因材施教。

（4）开设职业生涯规划课程

在中学阶段为学生提供生涯规划教育，可以说一直是我国中学教育的短板。学生进行未来职业生涯规划，可以加强选课的目的性。学校要采用各种方法强化这类课程，比如联合当地相关机构或其他优质教育资源，在校内为学生组织专业、专题讲座，把大学里的课程向中学阶段适度下沉，让学生尽早了解当今社会的人才需求和未来趋势，同时全方面深入了解自己的内在潜质和未来发展方向，科学地进行课程和专业方向的规划与选择。

（二）芬兰高中选课走班制的特色及经验

1.芬兰高中选课走班制的特色

芬兰教育水平在全球处于领先地位，高中教育尤其注重学生的全面发展和终身学习能力，在课程设计上不仅注重培养学生对基础理论知识的掌握能力，也注重增加学生在课程选择方面的自主性，满足学生不同的兴趣、爱好和特长能力的发展需求，促进学生的个性化学习和综合型人才培养。芬兰高中实行的"不分年级授课制"就很好地体现了人才培养原则。

芬兰国家教育专家在考察了德国成人夜校使用的"不分年级授课制"之后，从20世纪后期开始在部分高中试点实行这种全新的教学组织形式。授课制度的改变，给高中教育的课程设置、学生测试制度、行政管理制度等带来很大的冲击。经过几年的摸索实践获得了成功。"不分年级授课制"能够增强学生的学习灵活性和自主性，促进学生根据自身的兴趣、爱好、特长进行个性化学习。1999年，芬兰政府颁布的《高中教育法》明确规定，所有普通高中需实行"不分年级授课制"，促使高中教育出现突破式变革。

（1）"不分年级授课制"带来教学管理变革

"不分年级授课制"使芬兰普通高中"个别化教学"到达更高层次，每个学生按照自己的个性化课表上课，同时入学的学生在第一学年彼此课表的相似度会很高，但是到了第二、第三学年，每位学生的课表就具有鲜明的个性化特点。

实施"不分年级授课制"后，学生入学后不再一起按统一的进度进行学习，而是在综合考虑自己的兴趣、爱好、特长、学习方式等特征后，制定符合自身学习能力、进度需要的课表。每个学生只要在规定时间内学完符合要求的课程，通过测试即可毕业。"不分年级授课制"打破了过去年级制度、行政班级、固定教室、学习内容统一、有固定教师的机械性设计，让学生在教师和专业人士的指导下自行决定想要学习的具体内容和学习时间以及科目的顺序，彻底打破了以年级为列"齐步走"的升级制度。

芬兰的普通高中为了配合"不分年级授课制"，实行弹性学制，由原来固定的3年改为较为灵活的2—4年。学生可以根据自己的学习进度及学业计划，利用2年、3年或者4年完成高中阶段的课程学习，每学年190个教学日。这样就大大提高了学生制定自身学习计划时的自由度。原本的一学年两学期也改为一学年5个学段，每学段约6个星期，每学段结束后一周为测试周。这样的设计让学生在一个学段内集中学习多个学科课程，有利于学生对所学知识的掌握和巩固，方便教师带领学生深入探讨所学课程的知识。部分重要课程在一学年之内重复开设，学生根据自身学业进度需要安排每门课程的学习时间。对于第一次没通过课程测试的学生，同一学年内有机会重修，无须留级。此项改革措施提高了学生制订学习计划时的灵活性。

芬兰高中也实行小班制，每班人数在20—30人之间，采用"不分年级授课制"后，行政班级的概念被弱化。处于同一行政班的学生一周或两周会与班级指导教师见一次面，指导教师主要传达学校的一些重要信息，了解学生在学习和生活中遇到的问题，提供可行的解决方法，并负责指导学生确定学习目标和对未来职业生涯进行规划。

（2）独具特色的课程设置与选课制度

对选课走班产生重要影响的因素是课程设置和选课制度。芬兰教育局规定，普通高中的课程分为三种类型：必修课程、专业课程和应用课程。必修课程是每所学校必须开设的课程，也是每个学生必须学习并通过测试的课程。专业课程是对必修课程中所学知识的拓展和延伸。国家对专业课程有一定的数量规定，学校要根据国家规定开发相应的课程，学生可从中选择自己喜欢、擅长的课程进行学习。应用课程一般属于整合多个学科内容、提供方法论学习或对已有课程内容进行深入研究的课程。应用课程旨在培养学生将理论与实践相结合的能力。应用课程由学校自行设计或与校外机构合作开发，学生有很大的选择性。

学科设置的递进性关系。芬兰普通高中课程主要由三个层面的内容构成：学科群、学科和学程。一个学科的教学可根据内容和难度分为若干个学程。学程就如中国某个学科的"章"或"阶段"，如作为必修课的芬兰语，被分为"作为获取和传递信息的工具""语言的力量""从艺术到自我表现"等多个学程。按照学程来组织教学的方式实现了模块化的课程学习。学生在一个学段内集中学习某几个学程的内容，每学完一个学程都要进行一次测试。测试通过才能进入下一学程的学习，考试没有通过可重修并重新参加测试，直到重考通过才能进行该科目其他学程的学习。这一点如同我国的分章考试，只是他们强调所谓的章节考试合格，才能进行后面章节的学习，提高了阶段性学习的效率。而"齐步走"的教学方式，不管学生是否学懂弄通阶段性内容，都要跟着一起向前赶，就造成了前面基础不牢，后面更难学懂弄通的恶性循环。可见学程这种形式是有一定先进性的做法。

适应"不分年级授课制"的选课制度。芬兰高中实行的"不分年级授课制"使学生的自主选课必须纳入高中阶段的学习目标、大学入学考试要求、自身的兴趣爱好和未来职业生涯规划等因素。学校结合上述因素和学生选课时的常见问题为学生编制了课程设置手册，不仅包括学科、学程内容，还包括选课规则和方法，方便学生对学科和学程进行认真分析、理性选课。影响学生选课的因素有三个方面，即国家课程规定，所要报考大学的学科要求，个人的专业要求愿景。这三个方面的具体情况是：一是国家对高中学生规定的所学课程数量对学生选课产生重要影响。按照教学大纲规定，高中学生至少需要修完75个学程的学习内容，其中包括47—51门必修课程，10门以上的专业课程，其余应用课程可由学生根据自身情况进行选择，教学大纲对每一学科要求的学程数量和内容也有具体要求。二是学生所要报考的大学入学考试政策和大学专业录取要求，对学生选课产生重要影响。芬兰每年春季和秋季各举行一次大学入学考试。高中毕业生都需要参加至少四门科目的考试。芬兰语为必考科目，其余可供选考的科目有数学、瑞典语、英语、法语、德语、俄语、西班牙语、生物、伦理学、物理、地理、历史、哲学、化学、心理学、健康科学、宗教和社会科学。四门考试科目中必须包含一门 A-level 考试，即关于某门课程的高级阶段学习内容的考试，通常是高级英语或高级数学。由于大学的各专业对学生入学考试科目和成绩的要求不同，学生在高中时期需要选修相关课程，如理工类大学要求学生在高中阶段修完难度较高的数学课程。因此，高中学生在选课时就需选择所要报考的大学入学考试中要求的科目，并且在高中阶段多去选修与该学科相关的学程内容。三是学生的兴趣、爱好、特长、学科优势和未来职业生涯规划对选课产生重要影响。学生所选的学科、学程内容尽量适应将来所要从事领域的学科要求。

学生选课的具体办法为：每个学生在高中入学时都会收到印制的课程设置手册，也可在学校官方网站上查询到课程设置手册上的相关内容。高中学生入学后的第一学年的第一学期，要根据自己的兴趣、爱好、特长情况制定适合未来发展的学习计划。同时还需确定第一学年选修的"学程"。此后，学生也要在新学年初始阶段确定该学年的学习计划并完成选课。此外，原则上学生可以随时根据自己的情况对已有的学习计划进行修改，若发现自己对某个学科产生了兴趣，可以适当多选修该学科相关的学段、学程。高中学校设置的顾问会带着将要入学的学生去综合学校寻求选课指导，让他们在进入高中之前能充分考虑自己的学习计划并最终确定下来。

芬兰高中大部分学生在入学后的第一学年会学习各个学科的基础内容，这些基础内容被列为必修科目且占比较大，学生在第一学年只有少量选修课。第二、第三学年学生逐渐根据自身兴趣爱好、学科优势和对未来职业生涯规划，选择更多的专业课和应用课。学生在高中阶段选修的专业课和应用课所占比重呈逐年增加态势。

学生选课与未来职业规划紧密结合。芬兰的高中教育与英国有相同之处，就是高中学生选课与大学入学考试密切相关，与未来职业生涯规划也有比较大的关联性。学生在选课过程中可以参照学生选课模板，也可以找学校里的导师和相关领域专家帮助自己分析自身的学业情况，在着眼于未来职业生涯规划等多重相关因素的情况下制订选课计划。学生选课时集众多智慧于一体，当然能做出适合自身需要的最佳选择。

2. 芬兰高中的选课走班制的经验

芬兰选课走班与我国目前大多数中学的教学模式有很大的不同，主要表现在教育制度和课程设置两个方面。芬兰高中由于实行"不分年级授课制"，并将学科内容划分成一个个学程，学生在选择课程的时候自由度大为提高。学生在安排学习各学程的时间、学习的进度以及对各学科内容进行学习研究的深度方面，有较大的自由度。如甲学生对物理比较感兴趣，就选修了物理学科相关的几门高级课程，对于自己想要研究的内容进行深入的学习和挖掘。乙学生对物理兴趣不大，因此只完成了必修课程中与物理相关的内容后，在感兴趣的文学方面选择了更多的学程。这种自由度很高的学科选择，使很多学生能够做到学己所爱，学有所乐。

我国目前实行的走班制相对来说灵活度没有那么高。大多数学校还实行年级制，每个年级的学生需要学习的内容是已经统一规划好的。学生对一门学科的学习深度和学习内容的选择自由度也相对较低。语文、数学和英语3门课程为国家规定的必修课程，学生可根据兴趣爱好、发展方向和学科能力水平选择学习历史、地理、政治、生物、物理和化学6门科目，选修了同样学科的学生所需要学习的内容是相同的。实行新的高考制度后，文理科界限将被打破，除语、数、外三门参加全国统考，学生可以从6门学科中自由选择3门科目参加高考，只为学生提供相对比较灵活的选择。芬兰选课走班制经验对我国选课走班制的借鉴意义有以下4个方面。

（1）建立分层次、综合性的评价标准与体系

发达国家的高中教育与大学招生的关系十分紧密。芬兰大学在录取学生时参照学生的平时成绩和入学考试成绩，进行综合能力评价。如芬兰高中学生除了通过闭卷考试结束一个学程的学习内容，还会有开卷考试、写论文、做实验等方式结课，获得多元构成的综合成绩。我国在改革高考制度后，也可以借鉴这种评价方法。芬兰学生能力评价中，还有参加社会活动获得学分一项。我国目前的高中教育以课堂教学为主，基本上与社会实践相脱节，这一缺欠也必将很快改变，通过增加学生的社会实践，提高综合评价水平，改善人才培养的途径。

（2）设立导师制度并确保其有效实施

选课走班制在给予学生自主选择权的同时，也增加了他们的选择难度。更重要的是，学生的选课跟不久后进入大学学习、未来职业生涯规划有关，在选课时就要综合考虑许多方面的因素，因此需要慎重对待。中国在全面实行选课走班制时，可借鉴芬兰高中的导师制度。

芬兰高中的导师制包括四种教职人员，分别是学生顾问、小组辅导员、特殊需求导师和学生辅导员。中国的高中也可以设置这四种教职岗位，在打破传统行政班制的情况下提高学生管理工作水平。导师按职责解决学生在学习、生活中出现的问题，既包括选课走班方面的问题，也包括学生在人际交往、社会实践中的问题，并力求在指导学生的过程中更专业、更有针对性，便于学生学业进步和能力成长。

（3）注重发挥"学生辅导员"的交流沟通作用

芬兰高中设有"学生辅导员"这一共同学习机制，因高年级学生在整个"不分年级授课制"过程中会有一些切身体会，选课走班也有一定的经验，思考问题的角度也会更贴近新入学的学生，可以为选课走班、人际交往、解决问题等方面提供有实际意义的帮助和指导。这一点非常重要，毕竟学生之间交流所采用的语言方式更易理解和接受。虽然我国的高中教育受制于较低的师生比，"不分年级授课制"不容易实施，但是设立"学生辅导员"机制，可加强高年级的学生与低年级的学生交流沟通，使低年级学生获得更加符合学生视角的指导建议。目前，北京大学附中在选课走班制后建立的"书院制"，是高年级为主导的学生社团性质的集体，与芬兰学生辅导员制有类似的地方，其他学校可以借鉴。

（4）加强教师能力培训的投资力度

芬兰教育行政部门为了不断提高教师专业素质和更新知识结构，鼓励教师开展积极的自主性学习和科学技术研究，免费为他们提供在职或脱产培训、攻读更高一级的学位，真正使教师做到终身学习。芬兰位列前十位的综合大学都设有教育学院，这些学院除开设常规课程外，还根据国家教育改革的需要增设教育咨询专业。大学和社会教育机构为教师提供终身培训。芬兰教育投资有相当大的部分用于为教师提供各种各样的培训，以适应不断变化的教育改革的需要，这很值得我国借鉴。中高考制度改革所带来的教育教学模式创新，需要提高教师整体素质。相关研究表明，我国普通高中教师学历合格率较低，在偏远地区这一现象尤其严重。教师基本上不关心学科知识在社会实践中的运用，大部分教师缺少科学技术研究能力，对怎样搞学术研究、怎样指导学生开展主动的探究性学习束手无策。因此，在课程改革中加强教师培训以及师资队伍建设变得日益重要。学校管理者和教育主管部门要认真学习芬兰教师培训经验，为提高教师的能力水平做出实实在在的努力。

（三）美国菲利普艾斯特中学选课走班制的特色及经验

1.菲利普艾斯特中学选课走班制的特色

美国的选课走班制从 20 世纪 20 年代开始在个别学校实施，经过近 100 年的实践已经形成非常完整的体系，中小学的选课走班制，基本囊括了不同学科从入门级到高级的多层次课程设置，采用必修课程与选修课程相结合的方式，提供许多项目研究与社会实践课程供学生选择。从选课走班制的普及度而言，美国中学教育基本都已实施，只是在不同学段选课走班制的模式有所不同。在初中学段，采取行政班与教学班并存的模式，在高中学段采用全开放式选课走班模式的居多。

位于美国新罕布什尔州埃克塞特市的菲利普艾斯特中学（Phillips Exeter Academy）是一所始建于 1781 年的私立学校，以"培养德才兼备的学生"作为一百多年的办校宗旨。学校管理者认为，美德与学识共同构筑高贵品格，学校也把培养学生的创新精神、独立思考能力以及对知识追寻的无限热情作为学校的永恒追求，引导学生拥有关爱世界和他人的博大胸怀，把为社会做出较大贡献作为人生最高目标。

（1）大学化的课程设计与学生选课层级化

菲利普艾斯特中学的教学组织形式与大学相似，全校共设有 16 个系，分别为艺术系、古典语言系、计算机科学系、经济学系、英语系、艾斯特创新课程系、健康与发展系、历史系、数学系、现代语言系、音乐系、体育系、宗教系、科学系、戏剧系与舞蹈系。每个系面向不同年级或不同能力的学生开设各类基础、提升与高级三个类别的课程。学校还为高年级学生开设许多研究项目。

每个系都根据教学要求自行制定课程大纲与学生选课标准。不同课程面向不同年级的学生开放，每门课程都有自己独特的编号。课程号由低到高，对学生的要求也逐渐增高。以历史系为例，设有入门类课程，对9年级和10年级的学生开放，教学目标是培养学生做历史研究与社会科学研究的基本技能。中级课程面向10年级和11年级的学生开放，相比入门课程难度加大，引入的概念有一定的深度，对学生的研究能力要求也更高。高级课程面向11年级和12年级开放，要求学生具备独立研究、独立撰写学术论文的能力。教师授课时间变得非常短，学生有更多时间在图书馆和相关部门做研究项目。

学生选课的依据主要有5个方面：一是根所在系的要求。所在系规定的特定学期必须选择的课程，学生必须完成。二是选课要遵守从易到难的层级要求。每个系的课程并非全部开放，有的课程只针对某一个年级开放，有的课程需要学生在完成其他课程之后才能选择。三是学生需要按分级考试、测试中的表现选课。如语言系与数学系会为学生提供分级别的考试、测试，学生根据自己在考试、测试中的表现和取得的成绩选择自己可以进入的课程级别。在学期开始第一二周内，学生如果感觉自己去了不适合自己能力的课程班，可以向学科教师或系主任提出申请，教师或系主任会参考学生的实际情况调整进入的班级级别。四是学生根据自身的兴趣爱好及未来职业规划选课。学校教师帮助学生挖掘自身兴趣、爱好、特长和学科优势，设计未来可能从事的职业。为学生选课以及未来职业生涯规划提供多方面的支持。五是学校为学生提供阶段性选课指导。菲利普艾斯特中学在每个学期开学时，会下发选课手册或开设选课讲座，为学生讲授课时、学分、选课级别要求等方面的内容。学生可以联系学生办公室主任，咨询与选课有关的任何问题。教师为学生提供职业生涯规划与课程关系的分析，供学生认真看待自己的兴趣、爱好、特长与学业的关系。开学后学校就为学生安排了导师。导师会与家长、学生共同协商选课、调课等各种与学习有关的问题。每个导师带一组学生，通过小组交流或单独面谈的方式为学生提供指导。学校要求导师平时要每周与学生见一次面，讨论具体选课情况以及课程进行中遇到的各种问题。每年春季，学校还要求导师帮助学生做好下一年的选课计划。学生如遇到需要跳过某些入门课程而直接进入较高级课程学习的情况，可以向导师或系主任提出申请，并展示个人作品或学业上取得的成绩，以证明自己有足够能力选择高级课程。对将要毕业的学生，学校设置大学入学咨询教师，引导学生根据未来职业生涯规划选择相应项目的对口研究。

（2）以小班化配合讨论式的"圆桌教学法"

美国教学质量好的高中基本没有行政班，采取全走班形式，班级的组建以及教室的选择完全取决于学生选课的情况。在菲利普艾斯特中学，每个学生有各自不同的课程规划与日程，早已没有行政班的概念。即使有的课程只面向低年级开设，一节课只有十几个人，学校也会在同一课程下开设多个"小班"，不存在将多数人安排在一起上课的情况。

通常情况下，学校里的全职教师有自己单独的教研室，学生上课时直接到教师的教研室。教师的教研室就是学生的教室，教学设施、学习资料一应俱全。兼职教师虽然没有自己单独的教研室，学校会根据情况安排教研室以便他们授课。

菲利普艾斯特中学自 20 世纪 30 年代开始，就采用"圆桌教学法"，教学完全以学生为中心展开，12 个学生与 1 位老师围坐在圆桌边，针对某一话题（教学内容）展开深入探讨。教师在讨论中主要起引导、启发的作用，有时讲话很少，教师的主要作用在于营造一种民主、活泼的课堂氛围，鼓励学生进行独立思考，学生在讨论、语言交锋的过程中，纠正错误的认知，逐渐将重点问题加深认识并形成自己的观点。

2. 菲利普艾斯特中学选课走班制的经验

菲利普艾斯特中学的课程体系既重视对学生学科知识与学术能力的培养，也重视对学生思维品质、身体素质与人格品质的塑造，引导学生关注身心健康和未来发展，培养学生积极的人生观、批判性思维能力、决策能力、创新能力以及人际交往能力。将菲利普艾斯特中学选课走班经验向我国中学迁移主要注重以下 5 个方面。

（1）扩大学科教学范围

课程体系建设除了注重核心课程之外，也将艺术类、体育类等课程作为教育的重要组成部分。在高年级将一些大学基础课程下沉到中学，帮助学生在高中学习中找到未来学业的兴趣点所在。在同一学科下，必修课程设置重在学科素养与未来发展所需的学术能力，而选修课程则围绕某一主题、学科分支进行深度探究。为学生提供更为多元性与个性化的课程选择。

（2）壮大师资力量，提升教师队伍的稳定性

课程体系的多样化需要强大的教师队伍作为支撑。菲利普艾斯特中学的一位科学教师，自 1984 年进入学校，至今已在学校工作 30 多年，对学校发展理念有极高的认同感，同时对学校所设的各门课程驾轻就熟，可以根据学生选课要求保持教学能与之相适应的灵活性。教师队伍稳定可确保高质量的教学任务工作的开展。由此可见，学校注重提升教师的幸福感、建立教师队伍的稳定性是教学质量的根本保证。

（3）建立配合选课走班制完善的管理制度

要根据菲利普艾斯特中学选课走班制的经验，建立科学的选

课体系，为选课排课提供先进的技术支持。同时，为学生设置专业的学业导师，通过定期小组会面，或个别预约面谈等方式，帮助学生在学习过程中制订个性化课程计划，引导学生发现自身兴趣爱好，更好地选择未来职业发展方向。

（4）细化学生的日常管理

学生学业由学科教师负责管理，学生的心理和生活由专职辅导教师负责管理，学生申请大学由大学咨询教师负责管理，课后兴趣活动、社团活动由学生自我管理。为教学设施使用、学生活动，以及学校、教师和员工责任要求等，制定内容详细的工作守则，便于各岗位教师开展管理工作。

（5）完善教学质量评估管理

美国的大学录取采用申请制，学生除需要展示标准化考试与高中综合评价外，还需提交个人陈述。菲利普艾斯特中学在学生进行课程选择时，会同时考虑课程难度以及学生成绩，这些举措为高中课程设置的多元化以及分层教学提供了重要依据。随着我国高考制度的改革，学生的综合能力评价也将成为重要内容。学校也会将菲利普艾斯特中学及其他质量优异的中学课程体系的多元化、教学质量评估体系的完美系统逐步引入，可为学校完善教学质量评估管理工作提供借鉴。

二、新高考制度下的选课走班制实践模式探索

按行政班授课的教学体制类似常言所说的"一刀切"或"齐步走"，将所有学生统一看待，以教师为中心进行课堂授课，教师处于教学主导地位、学生处于从属地位。整个教育体系几乎很少关注学生发展的差异化特征，无法满足学生的个性化学习和发展要求，不能充分激发学生学习的主动性和积极性；过多的课堂

讲授导致了教学内容与社会实践的严重脱节，在学生独立思考能力、实践能力、创新精神培养方面形成欠缺。发达国家在20世纪初就认识到了传统教学模式的弊端，从教学模式、教育方法上寻求多种途径的改变，为优秀人才、创新人才的培养提供了优质的、现代化的基础教育。

随着发达国家在教育变革方面的探索，选课走班制已经成为代替传统行政班制的成熟模式。从社会人才需求的角度而言，选课走班是新时代生产力发展水平对个性化、创新型人才求贤若渴的本质体现；从个体发展需求的角度而言，是满足青少年追求自我发现、自我成长、自我发展的一种反映；从我国当前政治、经济发展而言，实施选课走班制是在新高考制度下倒逼出来的教学模式的突破。

时代的发展，需要打破传统的行政班授课体制，创建新型育人模式，真正做到以人为本、因材施教；彰显学生的主体地位，激发学生学习的主动性和积极性。最大限度地让具有不同兴趣爱好、不同学科优势、不同学习能力的学生获得与自己相适宜的发展环境，有效落实德智体美劳全面发展的教育方针，从"补短式"教育转向"扬长式"教育，即注重体现教育的公平与民主，又利于创新人才的发现和培养。

选课走班制是我国从21世纪之初才开始尝试的教学方式，与发达国家相比差了数十年，有些国家到目前为止已经形成非常成熟的运行体制，如美国高中的全部课程选课走班，芬兰高中的"不分年级授课制"等，无论从客观环境设施配套、师资队伍建设、教育资源利用方面，还是学生自主选择、走班适应性方面，都进入了正常而有效的运行轨道。就我国情况而言，开展选课走班制，在教师、课程、教室、资源、管理、评价等方面，不仅缺少相应的配套体系，操作方法也不十分成熟，尤其是学生自主选课或分层走班，打破了原来固化的行政班教育教学秩序和组织结构，由此产生师生集体荣誉感和归属感削弱，德育工作面临"空窗期"，教学管理出现"真空地带"，学生转班上课时拥挤在走廊、教室等许多问题，不仅需要在实践中积累成功经验，更需要向国外具有成熟运行体系的学校学习，避免新旧高考制度转轨期出现失误，也使选课走班这种教育模式在人才培养方面发挥更大的效能。

（一）基于现有办学条件的选课走班制类型分析

选课走班制是基于提升学生学习的自主性和课程选择权，以打破或部分打破传统班级制为特征，促进学生学习能力、独立思考能力提高为宗旨的新型教学机制。教学过程中充分体现尊重学生的成长规律，为学生实现个性化发展提供最佳途径。

选课走班制的两个核心概念是"选课"与"走班"。选课是指学校设置多样化的课程，学生依据个人兴趣爱好、学科优势、未来职业生涯规划自主选择课程内容和学习时间。对于进入初中、高中教育阶段的学生而言，选课是在新中高考新制度下，实行大走班的学校，学生对所有科目进行自主选择，而"中走班"则是对中高考选考科目的自主选择，中考是"五选三"，高考是"六选三"或"七选三"。走班是指学生根据课表在规定时段到预定的教室进行所选课程的学习。

我国现阶段选课走班最主要的两个特点表现在：一是按照"水平分层"和"专业分类"或者两者兼具的原则，学校对课程进行具体的层类设置。就同一门学科而言，可称为"分层选课走班"，就不同学科而言，可称为"分类选课走班"，两者亦可交叉进行。二是按"学程"划分学科教学内容，学生自主选择学程中的课程学习。

尽管选课走班在一些发达国家中小学拥有成熟的运作模式，但是处于探索阶段的一些国家也在进行各种各样的尝试，而且还在不断地进行花式翻新。近年来，我国教育专家进行了相应总结，主要有六种模式。

1. 选课走班的前置模式——套餐制

这是一种学生不走班，而是进行另外分班的模式。指学校根据学生选科组合情况，重新划分行政班，即学生只能在已划分的组合中进行选择。"套餐制"是行政班制的改进版，考虑了学生的学科选择，但不能真正满足学生按个性进行差异化学习的需求。这是学校受制于校舍、师资匮乏的现实，不能为学生提供更多选课组合的情况下的选择。但是，与传统的行政班制相比，还是有所改进的一种做法。

2. 小走班模式1——部分走班

这种模式是优先将3门科目志愿相同且达到成班人数的学生组成行政班，其后将剩余志愿人数不足成班的学生两两合并成为行政班，不同的选修课程单独进行走班，最终将选择人数极少无法两两合并成班的学生，插入行政班进行走班。优选3科适用于处于改革过渡期的学校，学校资源暂时无法支持较大规模走班需求，同时学校希望在满足多数学生选择的前提下尽量少走班，但优选3科会面临部分走班学生心里不平衡，最终放弃自己选课志愿的问题。这样就达不到变革教学模式的目的。

3. 小走班模式2——"定二走一"

这种模式是指将两门选考科目一致的学生组成行政班进行排课，剩下一门科目进行教学班走班。"定二走一"模式适合学校想满足所有学生的选课要求，但受制于客观条件只能适应小规模走班的情况。这种模式对选课走班的教室数量有一定要求，如果学校的教室紧张会无法形成足够的教学班，导致学生被迫修改课表。

4. 小走班模式3——"定一走二"

这种模式是指将选考 3 门科目中的一门与主科一起进行行政班排课，将其余两门进行走班。主要适合 3 种学校：班级数量较少无法应用"定二走一"模式的学校；想要发展优势学科而将优势学科作为"定一"的学校；副科教师担任班主任的学校，可以将班级"定一"学科教师作为班主任，便于进行学生管理。

5. 中走班模式——选考 3 科全部走班

与前 4 种模式不同，中走班模式是将国家统考科目语文、数学、外语保持在行政班不变，3 门选考科目全部进行走班。这种模式适合保持原高一行政班的前提下，每个学生都进行走班，这种模式对学校的教学环境、师资能力、教学评估有较大程度的挑战。目前国内有许多处于尝试阶段的学校选择这种模式。

中走班与大走班相比虽然是较为保守的模式，保留了传统班级制的优点，又适应了新高考制度的实际需要。由于语文、数学、外语 3 门必考科目可以保持行政班不变，教师从高一开始任教至毕业的学生保持固定不变，有利于学校对这 3 门学科教师进行评价。中走班的走班科目比较多，教学资源利用率高，能够较大程度保留学生个性化学习的需求。学生除了选择主修科目，一定程度上还可以自由选择上课时间和学科教师。即使这样，实行"中走班"教学组织形式在具体做法上仍然有差异，这种差异主要表现在对于"走班"的 6 门学科是否具体到细致的分层教学。比如，同样是选择地理作为等级考科目，有的学生从趋利避害的角度选择地理但并不擅长地理学科；有的学生喜欢地理也擅长地理学科。针对这种情况，学生是否可以根据自己的需求在高一时选择层次较低的走班课循序渐进，在高二时再参加地理等级考，还是在高一时直接选择层次较高的走班课，直接在高一下学期完成地理等级考。这就需要进行合理的分层教学来完成。否则，就不能使擅长地理学科的学生进行深入学习，无法体现选课走班的优势。

"中走班"教学形式是选课走班制探索阶段的产物，兼顾了行政班和教学班两种形式，但对教学管理和组织仍然有一定的挑战。"中走班"作为教学改革的过渡阶段，也提供了积累经验的有利时机。

6. 大走班模式——各科全走班

各科全走班，指的是将国家规定的统考科目、学生选考科目全部纳入走班的教学模式，完全打破原有行政班制，所以称之为大走班。这种模式是未来的发展方向，发达国家的高中基本都是这种模式。这种模式的优势是能够最大限度地利用学校资源，满足所有学生个性化学习和发展的需求，符合教育改革的宗旨。对于我国目前的情况而言，各科全走班实施的难度非常大，由于摒弃了传统的行政班制度，学生没有了固定的班集体，学校需要提高师生比和学科教学能力，更需要建立全新管理体系，如导师制、社团制、书院制、兴趣组、实践教学、社会活动等适应选课走班的相关制度来保证教学质量的提高和人才培养机制的现代化。

大走班模式将是互联网、大数据、人工智能等技术更广泛地应用于教学领域的必然选择。

大走班模式要求全体学生，每间教室、每位教师和学生都有专属课程表。因此，采取大走班教学形式，对于教学环境等方面的硬件要求以及师资水平等方面的软件要求都非常高，原有的教学管理方式要做出大幅调整和改革，原来分年级的行政班管理模式完全被打破。

目前我国真正实现大走班模式的学校比较少，每所学校的大走班具体实践方式也有所不同。北京大学附属中学将每个科目每个学期分两个学段进行排课，学生自主选择学段学习。北京大学附属中学是国内较早实行选课走班制的学校中大走班体制机制成熟度较高的学校。

大走班模式虽然符合国家教育改革的宗旨，但是对习惯了行政班制的学校，实施大走班的困难也很明显，例如，由于学生没有了固定的班集体，加之师生比较低，所以教学管理难度较大，对学科教师的教学质量也较难评价；学校课程安排最繁杂，需要较完善的软硬件系统支持；对学生的管理难度也较大，学校需要建立一套新的学生管理制度，如导师制、社团制、书院制、兴趣组制等相关制度来保证学校教学体系平稳有序地运行。

（二）小学、初中、高中选课走班形式选择

国内外选课走班制的经验表明，由于不同年龄的学生，在身心发育特点和对事物的认知程度不同，实施选课走班制在小学、初中、高中阶段应采用不同的模式，不可以搞"一刀切""大帮轰"式的教学改革。

1. 小学阶段适合简化的选课走班形式

小学和初中属于义务教育阶段，最重要的是开齐、开足国家规定课程，使学生达到国家课程标准要求的基本水平，在此基础上，有条件的学校可以为学生提供丰富的生活化、实践性课程，供不同学生选择修习。从发达国家的经验来看，由于小学生低年级学生自控能力和判断力还比较有限，因而不适宜选课走班，而是以固定班级、固定老师为宜，高年级可以进行一些选修课的选课走班尝试，套餐制比较适合小学高年级学生，他们有了一定的自我管理能力，同时学习的兴趣爱好也有了一定的倾向性，套餐制选课走班更能促进这个年龄段学生的成长。

2. 初中阶段适合选课走班的中级形式

初中阶段可以实施选课走班教学，其目的是让学生发现自己的长处。在初二第二学期或初三开始实施比较合适，一般选择行

政班与教学班并存的小走班模式，同时应局限于同年级的分层走班或者选修课走班，不能像高中那样在不同类别、不同层级上实施全面走班。

3. 高中阶段适合选课走班的高级形式

高中阶段的学生已经具备了义务教育阶段学业水平的知识基础，高中教育要求既有基础教育功能，又有专业与职业发展准备的功能，因此更适合于学生自主选课走班。国内外高中的选课走班教学存在多种模式，实施时段也各不相同，一般在高二第一学期开始实施的居多，也有从高一开始就实施大走班模式的。但是，未来的发展方向一定是大走班分层教学模式。

（三）选课走班制突出的教学特点

1. 按学生成长需要打造"分层教学"的新常态

实行选课走班的大多数学校，将核心科目会分成快、中、慢三层，实行分层教学。尤其是英语，新中考、新高考规定实行一年两考。一部分学生会决定在初二、高二就将英语"拿下"，以便在初三、高三阶段集中全力冲刺其他课程。这部分学生自然要求提前加强英语学习力度，英语快班便应运而生。与此同时，另一部分学生则倾向于充分利用三年时间积聚实力，到了初三、高三时再一鼓作气考英语。这些学生会要求按正常教学进度学习，那么学校就必须设英语中级班，而相对于体育类或艺术类学生则需要相对较慢的进度，英语慢班也会应运而生。快、中、慢三层可适应不同学生的学习需要。

由于学生分层教学，教学目标分层设计，教师可以根据不同的学生能力水平选择不同的教学内容和适应学生发展的教材。在这方面的自由度使教学的针对性更强，使学生的学习呈现出多姿多彩的特点。

如上海市浦东复旦附中分校因材施教，关注学生不同特点和个性差异，把发展每一个学生的优势潜能作为实施走班分层教学的根本出发点。依照英语学科学生能力水平层次，将英语学科分A班、B班和C班。采用考试的方式进行考试分班，卷子的内容只有15%不一样，主要测试与教材有直接关系的词汇题，而听力、阅读理解等能力题都是统一的。这样分班在习惯了"齐步走"式教学的家长看来，无疑给孩子分了等级，分在C班的学生家长很难接受。但是，经过教师的沟通协调家长还是认可了。

三个班选用两套教材，A/B班主要学习《大学英语》，注重口语表达能力训练；C班主要学习统编教材《牛津英语》，以抓基础知识学习为主。学生的学习效果很快表现出来。英语基础好的学生有了更大的成长空间。比如，学校推出英语免修计划后，A班的一位同学，从高一进校起就几乎没有上过正规的英语课，但作业都按时完成，平时的测试不仅都参加，还成绩不错。这个同学在其他同学上英语课时，到图书馆或上网自学，利用这些时间自学了西班牙语和德语，并考取了证书。

分层教学能让英语基础较弱的学生得到教师更多而又及时的指导和帮助。传统班教学中，由于受学生多、课堂任务量大的限制，教师经常提问成绩优秀的学生，而那些有很多问题、基础差的学生反而得不到被提问的机会。基础差的学生本身怕被同学笑话自己的问题"没营养"，而教师又怕问题解答费时对好学生无益，也很少提问他们。分层教学后，C班的学生身边是和自己水平相近的同学，没有"学霸"咄咄逼人的压力，他们敢于提问，也愿意与同学交流、切磋，疑惑一个个都解决了，学习上的自信心足了，个性更加阳光了，当然进步也很快。

与传统教学模式不同的是，学生进入初一、高一，需要尽快对其三年后将要选考的中考、高考科目做出规划。同一个科目，有的学生只将其作为"学考"科目，有的学生则会将其选定为中考、高考选考科目。"学考"属于标准参照性考试，达到毕业标准即可；"选考"属于选拔性考试，将在中考、高考中面临激烈竞争。因此，虽然是同一个科目，作为"学考"还是作为"选考"，两种的要求标准和内容范围差异性很大。在这种情况下，学校很可能从初二、高二开始必须将"选考"科目进行分层教学，"选考"和"学考"在教师和学习资源的投入也会有很大的不同。这样一来，学校的教学管理将面临许多需要研究解决的新问题，作为教学管理者，首先面临的问题就是必须设法提供足够多的教室和教学设施，提高师生比的比率，以满足教学需求。

2. 以学段、学程递进学生的学科学习

选课走班让每个学生接受适合自身个性的教育，有的学校开始尝试以"学程"为节点的选课走班。

学程教学是芬兰的特色教学方式，可以通俗地理解为"合并同类项式"。根据学生学习规律、学科教学内容及时间特点，将每学期灵活划分成若干个学习阶段，对学生的学习内容、学习方式、学习评价等进行整合，称之为学程。学程的设置，可以保障课程组织的灵活性，将原本分散的课程设置相对集中，便于学生进行深度学生，提高学习的效率。以语文教学为例，以往都是按照单元来教学，每个单元都会穿插小说、散文或者是诗歌，而按学程教学，将语文分为古文、散文、小说等若干个模块，就等于是"合并同类项"了，将原本分散的课程设置相对集中，学生学起来更有针对性，思路也更清晰。

如上海市育才中学将每个学期分为三个学程，高一、高二两年间分为 12 个学程，在第一、二个学程中，学生会学习基础的课程。从第三个学程起，学生开始第一次自主选择课程。育才中学将跨度相对较长的课程分割为若干个教学模块，并对教材进行重组，从学习内容的难度和学习时间的跨度两个方面设计各学科、各层次、各类别的教学模块。学生可以根据自己的基础、水平和未来发展方向进行选学。

分学程教学还有一个优势，就是加大了学生对课程的选择性。学生可以自主选择思想政治、历史、地理、生物、信息科技等学科类课程的学习时间。以高中地理教学为例，传统的地理课一般要分两学年学完，而分学程教学中学生可以选择在一个学期内，一鼓作气学完所有的地理课，也可以选择分成几个学期来慢慢消化。在保证每个学生达到共同基础的前提下，为不同潜能的学生提供多样的、高选择性的课程。按芬兰学程教育的经验，一个学科低一级的学程考试通过后，才能进入高一级学程的学习，这样就使学生每个阶段的学习都步步走实，保证了知识积累的连贯性和思维能力呈阶梯式提升。

3. 为学生提供课程菜单，学生"一人一课表"

上海和北京开展选课走班较早的中学，在"一人一课表"方面取得了成功经验。学校将所有课程的主题、难度、课程大纲、开课时段、课时长度、教室设置、人数上下限、开课教师简介等先展示出来，供学生按自己需要的学习内容和时间段进行选择。面对学校提供的丰富的课程菜单，学生在成长顾问、辅导员和家长的指导下，根据自己的学科状况、升学意愿等进行自主选课。在此基础上，学校课程管理中心根据学生选课情况，综合考虑时间安排、科目分布和教室配置。考虑到课程开设空间有限，在上海及浙江的一些学校，除了有特殊要求的课程，对于一般课程，并不事先限定教学班数量与班级名额，而是根据学生选课情况来确定教学班的设置。

网上走班是将翻转课堂与走班教学二合一的方法，有的学校因师资水平和办学条件无法开设一些课程时，便借助一些教学资源和学习平台（大学先修课、网络公开课等）或以网络为媒介建立课程资源共享机制的方式，为学生提供自主选择、自我发展的平台。比如，上海部分学校正基于网络课程开展课内的或课外的网上走班，其组织形式各有不同。课内网上走班以类似实体走班的形式为主，即学生网络选课选班，教师组织学生在实体教室里同步自学网络课程。课外网上走班则是学生在不同的时间地点同步或异步自学相同或不同的网络课程。北京市则致力于以校内外资源联动的形式扩展课程资源，通过建设校内外人文与科学实践基地，分层分类创建不同功能的发展性实验室，与社会教育场馆、实践基地、活动基地建立资源联盟等，实现社会资源课程化和课程资源的信息化。翻转课堂、网络走班、社会联动相结合，使教学改革迈向了新高度，这也是将来学校教育发展普遍采用的综合性策略之一。

（四）适应选课走班制的教学管理变革

1. 实施选课走班制后教学管理者的责任担当

虽然实施选课走班制后教学管理者面临的问题各不相同，但是可以归纳为以下 5 个方面。

（1）教学管理者做好教学规划和目标设计

要明确学校实施选课走班制后的根本目标是为了释放学生自主学习的选择权，帮助学生发现自我、实现自我、发展自我，而不是为应对新中高考制度才做出教学环节、方式方法的调节。学校具有长期教学规划，大目标和小目标结构清晰，才有利于从传统教学模式向选课模式过渡，并使各项工作呈现改而不乱、动而有序的理想状态。

（2）确认教育资源能为学生自主学习提供支持

走班教学需要的教室数量，适合学生选课要求的课程体系，教学硬件设施的弹性空间等问题都需要教学管理者首先进行确认。如果没有教室余量，需要学校根据选课人数分布做好精确的分班，并采用机动灵活的方式满足走班的需求。

（3）整合教师资源，合理高效地安排教学任务

走班教学后，在同一年级和不同年级、同一学科和不同学程中会出现不同教学要求的班级，教师个人教学任务因学生的选择不同而发生较大变化。一个教师是否能同时承担两种类型考试的教学任务？这是教学管理者能否做好教学安排的关键问题之一。如何使教师卓有成效地完成教学任务，考验着教学管理者的智慧。主动成为一个足智多谋的管理者，既是教学改革的要求，也是满足学生个性化学习的要求。教学管理者把发挥最大智能解决面临的各种问题当成工作的总目标。工作上循序渐进，思想上突飞猛进，才能使选课走班制教学步步深入，效果层层走高。

（4）建立适合走班教学的系列管理制度

制度建设包括学生管理、校外合作等各方面，比如如何指导学生选课，如何审批学生变更已有选课的申请，如何有效管理走班教学的班级秩序，如何开展校园文化建设等都必须纳入制度创新的内容之中。

（5）建立与选课走班制同步的教学评价体系

教学评价体系包括对教师教学质量的评价和对学生学科学习的考核和综合素质的测评。教学质量标准的制定不能同质化，因为合格考班和等级考班的教师教学要求是有差异的，不能用相同的标准。选择不同等级考科目的学生，科目之间的成绩很难比较，学生学习效果的测试、考试也要建立与之所处层级相适应的标准。

上海市浦东复旦附中分校，由于是一所新建学校，他们有较

为充足的校舍资源，年轻而高学历的师资队伍有变革精神，推动了学校从行政班制向选课走班制的转型。近年来，该校把"推进普通高中育人方式改革"作为实施走班教学的根本目标，从管理层到教师都充分"关注学生不同特点和个性差异"，实施全员、全课程、全学段的分层分类走班教学。

在教师的教学质量评价方面，以同一年级任教相同科目的教师为团队进行评价，在学生综合素质测评方面，全面使用平均学分绩点制，避免了分数叠加排名的简单化，为学生综合素质全面测评提供了完善有效的解决方案。

从国外实施选课走班制的情况看，芬兰高中"不分年级制"已经对学生学习测评具有成熟的做法，各学校应该多加借鉴。

2.选课走班制需要广泛调动社会教育资源

新中高考制度助推选课走班制模式的实施，倒逼学校重新建构管理体系，教学管理者、教师、学生、家长和社会机构共建科学治理体系，以高度的民主化管理集中教育资源，并使之得到高效利用。

为助力学生成长、实现课程目标，学校应集中更广泛的教育资源。学生家长从事各行各业，他们当中很多人对教育事业也有深厚情怀，特别愿意为学校的教育教学提供力所能及的帮助。学科教师可以借助家长进行课堂教学和教育工作。例如，北京市十一学校，在"两会"召开期间，政治教师邀请了作为人大代表的学生家长进入课堂，为学生讲解人大代表的职责，讲解自己参加人民代表大会的经历，以及如何做提案、议案等。家长的现场讲解特别贴近学生生活，为学科教学提供了有力支撑。该校历史教师曾邀请身为考古学家的家长来到课堂，物理教师也曾邀请在引力波研究领域的家长来到课堂。这些家长与教师一起备课，一起研讨，一起为学生讲课，为教学带来了鲜活的素材，也帮助学生拉近了与相关领域的距离。一些在法院、医院、博物馆、银行、报社等单位工作的家长，为学生提供了进行多种职业考察和社会实践的机会。教师带领学生前往家长的工作单位，了解所在行业的发展前景，让学生亲自体验岗位上的工作，与工作人员互动交流，为学生未来的职业规划提供了非常宝贵的来自一线的信息。

3. 以强化教师流动性应对教师岗位缺员

针对选课走班制需要较高师生比，而教师数量形成结构性短缺的情况，有的学校利用集团化办学或学区内学校联合的优势加以克服，以教师"走校上课"增加机动性。浙江省积极探索教师"县管校聘"改革试点工作，促进部分学科教师跨学校、跨学段甚至跨区域的合理流动。在教师评奖评优方面向跨校竞聘教师倾斜，同时也提出了"以岗定薪、岗变薪变"的岗位设置原则，确保教师基本利益不动。此外，在改革初期，由于各普通高中短缺的学科教师具有相似性，简单的区域统筹不能满足部分学科教师的需求，因此有个别县区和学校按照高中授课标准从初中遴选一部分优秀教师进入学科教师库，以做应急准备。

校际联合解决教师短缺问题的一种具体做法是：A 学校学生选择地理的较少，而 B 学校选择地理的较多，出现 A 学校地理教师闲置，而 B 学校地理教师缺乏现象，就可以通过校际联合来解决。现在是互联网时代，只要及时发布"求教"信息就可以实现互联互通，至于讲课费可以通过即时性沟通解决。还可以从省域、区域、县域进行编制统筹，考虑选课走班教学需要进行区域布局。

选课走班制为打破教师编制壁垒提供了条件，让教师编制随人员流动而变动。行政班制的模式下，教师的人事编制都是按学科的比例分配到学校，这不利于选课走班教学，但是如果师资都配齐，又存在学校编制超额，地区编制缺额等问题。主动打破教师编制壁垒，可以让教师按各校课程设置需要灵活流动。教师之间流动性大自然也就有了竞争性，学科水平高、教学能力强的教师会供不应求，相反学科水平不高、教学能力弱的教师就面临着无课可讲的困境。上海和浙江省新高考试点取得的经验表明，学生对文科类科目的教师需求量上升，对理科类科目的教师需求量下降，学校采取紧缺学科教师跨年级上课、让富余的学科教师转教其他学科等方法缓解教师配备的矛盾。

优秀教师在各校间流动、在本校学科内流动的概率提高，也会促进教育教学质量的提高。行政班制的优秀教师多集中于城区示范性高中，虽然城乡教师交流制度已展开，但教师编制未动，教师身份的"根"未挪，使得流动教师缺少归属感，影响政策实施的力度。如果学生欢迎的教师在各校间进行流动教学，实现优质教育资源的共享，在经济收入和福利待遇向优秀教师倾斜，使教师收入能体现"按优"分配，满足优秀教师自我实现的心理需要，就能充分调动教师终身学习、努力进取提高专业能力的积极性。

（五）选课走班制教师"急转身"的关键点

中国教育科学研究院卿素兰认为，与选课走班相关的问题主要体现在七个子系统：学习者系统、教师资源系统、课程开发系统、学生选课系统、课堂教学系统、走班管理系统、教育评价系统。中小学教育实施选课走班制，教师的工作与这七个系统紧密相关。很显然，习惯了传统行政班制教学的教师，其教育理念、自身专业能力、综合素质不能承担得起适应新中高考制度下的选课走班制的教学与学生管理工作，教师必须寻求脱胎换骨的改变，才能适应这种教学新模式的需要。

1. 教师必须彻底更新传统教育观念

任何一个新事物的出现，最大的困难是观念更新。教师观念不转变，教育改革推进的步伐就会受阻。中高考制度改革所带来的教学模式突破，需要教师迅速改变旧观念，以进取心和人才培养需要的大视野看待、理解、认识国家新高考制度的战略定位，理解我国在教育普及和大学教育大众化后，教育不应再定位在"甄别人才"上，而是要转向"人人成才"，从"齐步走""一刀切"及"把一个班当一个人教"的教育模式转向差异化、个性化，"把一个人当一个班教"的新模式。教师观念转变了，选课走班的各种难题都会逐渐得到解决。

2. 教师倾力提升课程设计、开发能力

实施选课走班制后学科课程规划与建设，要符合国家要求、满足学生个性化发展需要。学校教学质量的提升和人才培养目标的实现，首先要通过学科课程的质量提升来推动。课程设计、开发具有了科学性和时代性，教师教学的良好效果才能体现出来。教师不要将眼光仅仅停留在考试科目的课程设计、开发上，还要调动多种多样的课程资源来满足学生选课的需要。学生的个性化发展、学校教学质量的提升，都使教师不能仅仅作为既有课程的执行者，还必须承担起学科课程建设者的重任。教育实践证明，课程形态实际上决定了学校的办学形态，教师课程设计、开发的成功是教育实现教育目标的基本保证，而这项艰巨的任务就落在了教师的肩上，终身学习、不断进步，保证课程设计、开发与时俱进是教师的责任使命所在。

3. 教师要尽早从知识型向综合能力型转变

新中高考制度注重考查学生的认知能力、综合素质和创新能力，这些能力也是学生长远发展的关键能力。因此，选课走班实

施后，教师的教育教学方式必须从知识型向综合能力型转变。

如果教师没有这种根本性的转变，选课走班就会沦为无意义的"瞎折腾"。为了避免这种情况的发生，教师要明确的一点是：自身综合能力最为核心的部分是学科教学能力，而学科教学能力的高效能运作还必须辅之以较娴熟的课堂教学管理技能、教学研究技能、教学实践性知识转化技能以及交流沟通技能，它们构成了一个较为完整的教师综合能力系统。

在选课走班教学过程中，教师提升综合能力应该注重三个方面：一是通过经常性的专业培训、听公开课、实地调研、开展科研活动等各种方式提升自己的学科教学技能。二是要从一个单纯的学科教学者走向一个全能教育者，能够融会贯通教育教学最优化所需的各方面知识与技能，做一个符合选课走班制要求的全面发展的教师。三是强化合作精神，使能力呈现多向度发展。如果是经验型教师，要主动分享自己的教学经验，帮助青年教师快速成长；青年教师要积极参与学校组织的校本研修、国内外交流活动，虚心接受前辈们给出的意见和建议，并有意识地培养自己在团队中的协作能力，做一个有团体观念、合作精神等各种能力齐头并进的教师。总之，教师要具备终身学习的素质和习惯，无论多么优秀的教师，一旦有吃老本的想法，都会在信息技术主导教学发展的背景下面临被淘汰的命运，这一点使每位教师都必须具有紧迫感和危机感。

4. 教研活动要创新多样化的组织形式

实行选课走班制以后，学校教学研究活动也遇到了挑战，重点体现在受到时间和内容的制约。由于同一学科有的学生将其作为"学考"科目，有的学生则将其作为"选考"科目，面对同一学科不同的选课情况，学校采用"学考班"和"选考班"同步走班上课的方式，同一学科教师因为同时在不同班里上课，无法相互听课教研。有的学校采用这样的解决策略：学科组若有教师开设公开课，则将地点安排在学校电教室，开课过程自动完整摄录，开课后组内教师观摩开课视频，并在学科组长的带领下开展说课、研课活动，进行教学点评与互动，并由学科组长设计课堂教学评议表，组织学科内教师认真填表评议，交由教学管理部门留档。

针对"学考"和"选考"的教学内容不同、标准不同，组内教师任教的班级类别也不相同，给确定学科教研主题带来困难的情况。有的学校的解决策略是：全体学科教师对教研的重点内容开展集体备课，每次教研活动各安排一位"选考"和"学考"教师进行主题发言，重点对不同班级类别的教学目标和不同层次学生的学习目标进行研究和指导，提高"学考"和"选考"教学的效能。对于学科组内的课程开发、课题研究、课改项目的研究以及专业阅读与交流等其他教研活动，则在走班教学之外进行组织与开展。学校对教师办公室的安排策略是：同年段、同学科的教师尽量集中，以方便同学科教师的日常交流与研讨。教学新模式，要求教师的教研活动呈现新形式。也只有使教研活动与时俱进，才能起到拉动教师教学能力不断提高的作用。

5. 选课走班制的教学质量考评多元化

选课走班制实施以后，学校需要构建"形成性评价""表现性评价""增值性评价"以及更加多元化的教学评价系统，对教学活动展开全面而具体的评价。

形成性评价是指在教学过程中为了解学生的学习情况，及时发现教师教学、学生学习过程中的问题并进行评价。形成性评价常采用非正式考试或单元测验的形式来进行。以便教师及时了解教学中取得的成绩和存在的问题，调整或改进教学方式方法，使教学在不断的测评、反馈、调整的过程中趋于完善，最后达到实现教学目标的目的。

表现性评价包括教学计划、教学计划实施、教学效果评价，是针对教学工作质量所做出的测量、分析和评定。内容包括：对学生学习效果的评价，对教师教学质量的评价和进行课程总体评价。评价结果反映了一个学科教师需要具备的素质和能力，反映教育目标的达成情况，是否通过富有创新性的教学行动，促进教师自身的综合能力发展。这些评价起到使教师知道自己的教学情况、学生知道自己的学习情况的作用，根据反馈信息，教师可修订学科教学方法，学生可调整选课走班计划。

增值性评价是一种起源于英美，在许多国家和地区应用的教师评价新模式。这种评价模式借助统计模型，将教师对学生学业进步的贡献单独分离出来，进行公平、精确的评价，具有引导教师关注学生、促进教师专业化发展、缓和生源大战及促进教师资源合理配置等方面的优势。教师增值性评价与传统教师评价的区别主要在于两点：一是体现在教学结果的"增值"方面，以关注学生学业上取得的阶段进步为目的，而不仅仅以关注学生的最终成绩为目的；二体现教师教学的"净效应"，即将教师的贡献与其他影响学生学业进步的因素区分开，对教师单纯的贡献加以评价。这两点正是教师增值性评价的优势所在，保证了评价的公平性和科学性。

通过系统性的教学活动评价，教师的教学不再是无形的、很难量化的活动，质量的高与低、效果的好与坏都变得十分明确，这对于推动中小学教育改革，实现更高的人才培养目标具有重要意义。这方面的工作纳入学校建设的范畴后，也必定对特色学校、特色学科的建立起到很大的推动作用。

（六）帮助学生适应选课走班制的具体方法

选课走班制不仅要保证学生达成一定的基础知识学习目标，

而且要充分顾及学生在学科基础、兴趣爱好、性格特征等方面的个体性差异，使每个学生在自身原有基础条件上，实现进步幅度的最大化。学校为促进学生适应新型的教学模式，促进学生在外部条件的诱导下激发出更大的内在潜力，学校要采用与之相适应的教育方法。

1. 发挥全员育人合力，帮助学生适应选课走班

实施选课走班制以后学生无固定班级、无固定同学、无固定教室，学习生活几乎来了个"大倒个"，通俗的说法是"一盘散沙"，这不仅使学生管理工作无所适从，对于习惯行政班的学生来说也是一种巨大的心理冲击。教学班学生群体的流动性、短期性和松散性等特征，使得许多学生很难适应。因此，必须发挥教育合力以促进学生适应走班新常态。比较早实施选课走班制学校的实践表明，由教育顾问、学业导师、辅导员、学生辅导员等建立起多轨制管理模式，可以为学生提供更多学习、生活上的帮助。

教育顾问由学校聘请具有多年从教经历并擅长做学生心理和德育工作的教师担任，对学生进行必要的生活咨询、学业指导和心理疏导。学业导师由学校聘请学科教师担任，实行一岗双责，负责学科教学与学生管理。辅导员由原行政班班主任担任，主要协调教育顾问、学业导师与学生的沟通协调工作，并负责课余时间的学生管理。学生辅导员主要由高年级学生担任，借助学生会、社团等力量发挥学生自主管理的作用。

多轨制选课走班管理实践表明，教师全员投入到学生教育工作，主动成为学生的顾问、导师和朋友，调动了学生自主管理、自主发展的积极性，使从行政班向课程班过渡的学生能很快适应新选课走班教学，并为个性化学习取得良好效果起到铺路搭桥的作用。

2. 帮助学生厘清职业生涯规划与选课的密切关系

高考是学生选择未来的机会，而学生高考所要考的科目与所要选择的大学、所学的专业密切相关，而所学的大学与所学的专业与步入社会所从事的行业、专业密切相关，在这样的选择链条上，终端是未来的职业选择，始端则是初中阶段的课程选择，中间则是高中阶段的课程选择。无论如何也不能像传统教育时那样，"大帮轰""齐步走"式地向前推进，到了高考时再考虑未来的职业选择问题。因此，新高考制度把学生的选课与未来的职业规划紧密地联系在了一起，不仅学生要高瞻远瞩，学校、教师也要对这一点有明确的认知，并为学生做好未来职业生涯规划提供各种信息支持。

处于初中、高中阶段的学生要学会规划自己的专业和职业，思考自己的人生目标和所要走的道路。对于还未成年、没有多少人生经验的学生来说，如何选择课程，如何对自己的选择负责是一个无从下手的问题，学校和教师要为他们提供选择学科教育的机会和平台，使学生在选择中及时发现选择的对与错，并不断进行反思和调整，尽而优化自己的选择，这就是中学阶段职业生涯规划教育的意义所在。

未来职业生涯规划教育可以帮助学生树立人生目标，发掘自身潜力和学习兴趣，明确自己的责任和使命。从而激发学生积极向上的内在驱动力。从长远来说，未业职业生涯规划与一个人的人生追求，即想做一个什么样的人有关，学生做好未来职业生涯规划，可以避免学业上的盲目性，少走弯路，成就积极的人生。换言之，生涯规划有利于学生做好学业规划，有利于学生积极思考、主动学习。

学生职业生涯规划教育的最终目的是为学生未来职业生涯的发展提供依据。职业生涯规划教育内容主要包括认知类生涯教育、体验类生涯教育、咨询类生涯教育，通过这些教育使学生明确自我认知，对社会相关领域、行业前景的认知，并据此做好自己的学业规划和未来职业生涯规划。

中学阶段的认知类职业生涯教育包括三个方面：一是对个人世界观、人生观、价值观的教育，二是自我的认知教育和对个人职业方向、理想大学的认知教育，三是对个人兴趣和能力的认知教育、对社会需求的认知教育。体验类生涯教育包括主题活动教育、社区服务与社会实践教育。咨询类职业生涯教育包括心理咨询和生涯咨询、个体咨询和团体咨询。

从国内外中学生的职业生涯规划教育来看，主要方式有两种：一种是通过开展相关讲座、教师和专家辅导，为学生提供职业生涯教育的系统课程与网络学习的相关内容。另一种是通过专业量表测试，如人格测试、心理测试、性格与职业类型测试等方法使学生充分认识自身特点，把握好能力与职业的关系，使选课具有更大的合理性和科学性。

中学生未来职业生涯教育是系统性、持续性、动态发展的教育活动。学生接受职业生涯规划教育应伴随中学学习过程的始终；学校开展学生未来职业生涯教育应着眼于他们的终身学习和人生目标，将教育活动的规划与学生职业生涯教育密切结合，而且要随着社会、经济、就业环境的变化以及学生自身知识、能力、期望等的提升，不断调整教育目标、内容设置和教学方式方法。

3. 学校要最大限度地满足学生个性化选课需要

实行选课走班制给学生释放了自主选课的权力，教学管理人员和任课教师必须对学科课程性质、核心素养、知识和能力体系做出校本化的解读，对本校学生本学科知识能力基础和核心素养、学科学习力等进行认真分析、梳理，为学生提供多种选择方案。

教学管理人员和教师在明确国家课程改革指向和学校办学优

势的基础上，细化对学生的培养目标，并对学生核心素养构成与内涵进行研究和解析。各学科编制校本化学科课程纲要，规划本学科必修和选修课程，对本学科课程性质功能、教师的核心素养以及学生知识能力体系进行清晰描述，根据学校课程整体方案要求形成本学科特色课程结构，并对学生的学习内容、学习方法、学习效果评价和教师的教学要求、教学评价等做出切合本校实际的规定。在此基础之上构建分层、多样、渐进、动态、和谐的课程体系，进而形成面向学生的课程手册。

学校要立足本校的人才培养优势，开展主题教育活动、学科专题辅导，根据教师特长项目等进行课程化开发，逐步形成具有本校教学特色，能够激发学生学习潜力、促进学生个性化发展的课程体系。

教师的专业素养和综合能力决定选课走班制的实施水平和课程建设的高度、广度、宽度和深度。没有高质量的教师队伍就不可能有高质量的学科课程实施。选课走班，给师资能力水平带来了挑战，对教师专业水平的要求提高，学校必须要重视教师的专业水平、综合能力继续教育，以增强教师的课程开发水平、科研能力，丰富教师自身的教育素养。

选课走班制的实施需要丰富的课程资源，教学会面临课程供给不足的困境。因此，政府教育管理部门和学校管理者必须站在更高的角度拓展教育资源，通过集团化、联合办学的方式丰富学校的课程资源，还可以通过将大学选修课程下沉、引入网络教学课程、协调外校教师来本校"走校"等新方式广开渠道，实现资源共享。

4. 协助学生对选课依据与方法进行优化

学生的选课依据、选课后的学习有序而高效是新中高考制度实施后，学校和教师必须认真研究解决的重要问题，只有这个问题解决好，新高考制度才能引领人才培养机制的现代化。

学生以什么作为选课依据？以自己的兴趣爱好、学科优势作为选课依据居于首要地位。浙江省海宁市高中为学生提供"1+2"选课模式，"1"代表学生选择一门决定自己未来发展方向的学科，"2"代表选择两门自己最感兴趣、最有优势的学科。之所以提供这样的选课模式，主要是将学生的自身条件与大学招生专业要求相结合。有的专业需要一门、两门或者更多的学科，比如学生选了物理课就有90%的高校专业可以报考。而上海相关机构的调研数据表明，学生在面对各种选科组合时，首先考虑的因素是与自身学业相关的"优势学科组合"。符合高校专业要求是学生选择学科组合的又一个理由，未来职业生涯规划是居于第三位的选择因素，这进一步说明新高考制度下学生的选科依据集中在个人优势、高校招生要求、未来职业生涯规划三个方面。未来职业生涯规划居于末位这是本末倒置的现象，在选课走班制实践进一步深化以后，这种带有急功近利倾向的选择方式一定会有很大的改观。

学生的选课方法如果过于简单，如单纯以学科考试分数为着眼点，就要限制自身潜能的发挥和综合能力的提高。立足于多种因素进行平衡的选课方法，也就是在选课前做好充分的选课咨询，接受系统的未来职业生涯规划教育，在选课前做到知己知彼，既充分认识自己的兴趣爱好和学科优势，又充分了解高校各专业招生要求和自己将要从事的领域、行业的发展趋势，明确所在学校的学科教学能力等，然后再经过数次模拟后确定所要选择的学科组合课，发现有些失误后及时进行调整，才能通过优化的选课方法做出正确的选择。

（七）选课走班制需要创新学生管理体系

由于选课走班制带来了学生流动性加大，原来的班主任只能对学生实行阶段性的德育管理，学科教师不能像以前那样只负责学科教学而不重视学生的品德教育，所以教学管理机构必须把避免"真空地带"和"空窗期"作为重要任务。

选课走班制的教学班，基本上根据学生选择的科目以及科目学习的不同要求而组建，相比传统的行政班制，在即时性和多元化方面给教学管理机构提出了更高要求。这种即时性学生群体的聚集增加了教学班的动态性，进而使教学班的管理工作在形式、方式上必须进行创新，否则极易导致管理上的混乱。学生的出勤情况、生活情况、作业评改、课后辅导和答疑等方面必须建立有效的管理机制，不能出现细节上的缺位和管理松散的现象，教师之间沟通渠道要做到及时畅达，在学生自修时也需建立相应的管理责任制。

1. 实施选课走班制班主任的"有"与"无"

随着新高考制度的实施，选课走班成为大势所趋，教学模式由固定的行政班过渡到流动的课程班，一个令教学管理者困惑的问题横在了面前："班主任"还需要不？如果还需要，班主任能做哪些工作呢？近年来各地开展的选课走班制实践证明，"班主任"设置与否取决于学校走班教学的指导思想和实施走班制教学的不同形式。如果学校认同走班教学是保障学生全面自由选择的前提，敢于承担走班之后面临的各种教学管理新问题，则班主任岗位职责的变化比较大。实行大走班的学校，即全部课程都走班，原来意义上的班主任已经不存在了，代替班主任进行学生管理的新岗位是"教育顾问"，通常是一个年级设一两个"教育顾问"。如果学校希望尽量维持班级的稳定，减少走班教学的变数，则班主任在班级管理中仍然发挥着主要作用，不会有太多的削弱。

选课走班的类型不同，学生的管理方式也不同。实行"大走班"——全部课程都走班的学校，如北京大学附属中学、北京市十一学校高中部、上海市浦东复旦附中分校高中部等完全没有了行政班的概念，学校是以教学班来编制课表的，原意上的班主任已经不存在。实行"中走班"的学校，整个高一年级不走班，到高二年级，开始有选考科目的区分后，政史地物化生六门课开始根据学生的选考意向重新编班上课，在课表中专门设置选考科目时段，而其他时间，依然是固定班级上课。这样的学校目前在上海是主流，班主任对班级的管理仍发挥较大作用。实行"小走班"的学校，高一年级所有学生按照行政班级固定上课，到高二的时候，根据学生的选考科目，重新把选择学科组合相同的学生编在一个班级，尽量把需要走班教学的科目数量降至最少。这样的教学组织，班主任的工作和以往几乎没有大的变化。因此，学生的管理体制机制需要根据本校情况确定所采用的方式，班主任存在有存在的理由，不存在也应视为一种正常现象。

2. "大走班"模式下每个教师都是"班主任"

实施"大走班"——全班课程都走班后，学生都到教学班上课，教学班的任课教师人人都要承担"班主任"的角色。因为走班上课，学生"学无定所"，每节课都必须换教室，所以必须强化教学班的管理，任课教师在自己任教的教学班中，既负责课堂教学也负责班级管理，例如规定收发作业的方式、打扫教室的时间、学科教室的布置、教室座位的编排等问题。由于每个教学班级的学生不像行政班级教学那样，有统一的班主任管理，所以任课教师也必然承担与学生家庭的沟通工作和学生的学习指导工作。教学模式的变化，要求教师提升自身综合素养，加强对学生个体的全面了解和个性化指导。对每个年级增设的教学顾问与任课教师实施双轨制管理，有利于教师对学生"点到点"的关注。

选课走班制是提高教育教学质量的重要"抓手"，学生的教育管理是教学质量提高的最基本条件，进一步完善才能实现转轨期学生管理工作的"软着陆"，避免因管理缺失或空位产生负效应。

3. 教育顾问职责与班主任的根本区别

行政班的班主任的重要职责是对学生进行教育、教学管理、家校联络。选课走班后设置的教育顾问形式上是分布式项目组，一个年级有一两位教育顾问。教育顾问与班主任在岗位职责上的不同点如下。

（1）教育顾问与班主任工作职责的根本性区别

班主任是班集体的核心管理者，需要对学生的德育工作、学业进步、班级日常管理、家校沟通等全面负责，一个班主任需要面对的学生、承担的职责非常多。而教育顾问工作的对象和职责主要包括三方面：一是面向全体学生进行公民道德教育、规则意识培养。例如，对低年级学生分阶段开展行为自律、关注他人的教育活动，通过活动全面提升学生的自我管理能力；不定期在宣传栏张贴学生良好行为表现的照片，利用校园网络专栏推送学生自觉、自律的文章等，向学科教师、学生传递即时性信息。二是使教育工作更加程序化。由于一两位教育顾问要负责整个年级的管理咨询工作，所以有必要制定科学合理的程序规范。在处理校园特殊事件、为学生提供沟通、咨询服务时要严格按程序规范的要求开展工作，并妥善处理特殊事件，对问题学生的帮助和教育要符合教育原则，从心理学、教育学、信息学的角度提出针对性的解决方案。三是接受学生申诉，使教育更加民主化。在学科教师对学生实施教育的过程中，学生如果不服气、心中有委屈就可以约见教育顾问说明情况。学生可以根据事件提出申诉，教育顾问会认真倾听并记录。核实情况后，教育顾问会通过讨论、综合其他师生的意见做出判断，再耐心转告学生事件的申诉结果，尽量做到问题处理的公平合理。

（2）教育顾问注重以学生个体利益为工作出发点

由于教育顾问以帮助、辅导学生个体的成长为工作原则，主动走进学生心灵，帮助、引领学生走出成长的困惑，所以教育顾问的职责不是对学生的不良行为进行被动的"堵"，而是通过分析、研究、观察，预见到不同时期学生容易发生的问题，防患于未然，对整个年级的学生进行教育，对潜在问题尽可能提前告知、预防、引导。另一方面，教育顾问也会定期组织教师排查问题学生的不良行为倾向。对问题学生以分工协助的方式进行正向教育，带领学科教师一起以表扬鼓励、激发引导等方式解决问题学生在思想品德、学习态度、潜力挖掘等方面的问题。

（3）教育顾问与班主任的工作方式大不相同

班主任是有行政权威的管理者，负责班级这个小集体的组织管理工作。学生犯错误了，往往由班主任进行批评教育，负责与家长沟通协调。行政班班主任的职能被消减后，师生关系变得更加平等，教师不能按照行政管控的思路去约束学生了。教育顾问和班主任虽都有教育学生的责任，但教育顾问没有行政权威，他们在教育学生时会心平气和地进行沟通、交流，耐心倾听并允许学生对"错误"行为进行申辩；他们不会给学生的行为轻易定性，而是在弄清事实后，与学生共同判断有争议行为的是非界定，共同协商惩戒和处罚措施。班主任工作集教育、管理于一身，以班集体为单位，以管理为主要手段，出于对集体利益的考虑，班主任经常表现出强权意识，在学生管理工作中容易导致情绪失控、惩罚不当的现象。教育顾问的工作方式更能体现学生、教师互为主体、客体的关系，使师生关系因平等交流而更加融洽。

4. 信息技术助力选课走班制的学生管理

实施选课走班制在一定程度上会打破学生管理的金字塔结

构，特别是实施"大走班"模式后会形成扁平化的全新管理结构，而这样的结构必然需要信息系统构建起迅捷沟通的渠道，因此前卫信息技术就成为不可或缺的重要构成要素。目前，信息技术的应用突出在两个方面：一是利用软件解决选课排课问题。若靠人工处理学生的选课排课问题，不仅非常烦琐，而且工作量很大。实行"大走班"的学校一般都建有选课平台，分设校本选课、中高考选科、课表管理与查看等功能。二是解决学生走班考勤、作业收发等问题。学生是否根据自己的课表准时到教室上课，这方面的判断、统计、后续处理、家长沟通等一系列问题随之而来。学生活动范围变大、行程个性化使得作业的收取和反馈不再如行政班便捷；在家校沟通方面，家长需要与多位教师沟通才能够全面了解学生在学校的学习、生活情况。此外还会出现课程衔接、成绩排名、学校通知等其他方面的管理问题。在这方面，北京市十一学校在信息化平台建设上，专门设置了移动校园板块，包括查看课表、请假与批假、调课、布置和收发作业、家校沟通、社团管理等都通过平台运营来实现。信息技术广泛应用于教学管理会使空间、时间等因素产生的阻碍作用降低，从而大大提升与学生、老师、家长的沟通效率。

学校搭建现代化的信息平台，还可以提高资源使用率，如合理规划教师上课时间、教室使用、课时分配，完善常规业务的快速响应节奏。从学生培养的角度来看，信息技术是支持学校培养目标的重要工具，在平衡学生个性需求和教学管理之间发挥支撑性作用。因此，信息化系统和信息技术工具的应用是实施选课走班制的必然选择。

三、国内学校实施选课走班制经验介绍

国内选课走班制实践较早的学校取得了许多成功经验，可以

为新中高考制度下的教改提供经验和样板。北京市十一学校、北京大学附属中学、复旦大学附属中学浦东分校是教改先行者，早在新中高考制度实行前的2010年前后，他们就已开始尝试实施选课走班制，浙江师范大学附中、浙江省海宁高中、上海市吴淞中学具有良好的教改基础，作为新高考试点区域的教改名校，实施选课走班制实践后，在课程建设、教学组织形式创新、教学治理等方面都颇具特色；北京、山东、云南的中学也未雨绸缪，进行了选课走班的尝试。下面针对比较有特色的地区和学校取得的宝贵经验进行重点内容介绍。

（一）北京大学附属中学选课走班制——选课与管理双优

北京大学附属中学（以下简称"北大附中"）长期坚持"打好基础、培养能力、发展个性、提高素质"的教育教学指导方针，形成了重人才能力培养、重人才素质全面发展的办学特色，积累了丰富的办学经验。

进入21世纪后，科学技术迅速发展，对人才培养提出了更高标准、更新要求。面对新时代的新挑战和高要求，北大附中的教学管理者和教师积极思考，大胆创新，提出了全新的人才培养目标：培养个性鲜明、充满自信、敢于负责，具有思想力、领导力、创造力的杰出公民。

为实现新时代的人才培养目标，北大附中自2010年1月起在高中部实施选课走班制，同时开展对信息化时代新型校园建设的探索。9年来在全校师生、家长和社会各界的共同努力下，北大附中以多元选择、自主合作为核心理念，大力建设支持学生个性化发展的校园生态，逐步形成了以选课走班制为依托，具有校本特色的书院制、学院制发展模式。

1. 北大附中的选课走班制从打破行政班开始

为解决行政班同质化、办学"千校一面"明显缺乏特色的问题，北大附中多次派代表赴美国、芬兰、德国、英国等国家实地考察，经过反复探讨研究后，自 2010 年 1 月起，决定在高中部取消行政班，以选课走班制推动构建全新的校园环境和教学组织架构。

2. "四大学院"体现多元的学科课程体系

北大附中取消行政班后开始选课走班，希望每个学生可以根据自身发展需求，从学校提供的丰富课程中选择适合自己的课程，组成每个人都不同的课表，在不同的学科教室上课，从而保障学生的个性化发展。为实现这样的目标，学校打破原有学科教研组，组建了如今已经颇负盛名的四大学院。不同学院提供不同发展方向的学科课程，分别聘任学科教师，针对本学院的教学方向进行精心设计、完善学科课程内容，使学院成为多元化学科课程的管理实体，学生可以任意选择四个学院中的任意一门课程学习。

行知学院：依据国家课程标准开设语文、数学、英语、物理、化学、生物、地理 6 个学科的国家必修和选修课程。高一年级以必修课程为主，数学必修 8 学分，化学、生物、地理必修各 4 学分。英语、物理必修 6 学分。学生的英语高一课程学习，以英文文学原著阅读为主，分初、中、高三个层级。高二年级开设以上 6 科的国家课程选修系列的所有课，主要落实国家规定的必修课程。学生修满规定学分后将转入高考预科部，主要进行高考科目的复习和训练。

博雅学院：开设的课程主要有两个方向，一是国家课程标准的语文、历史、政治等课程，二是校本必修写作、文化研究选修等课程。各年级混选，学生需依照国家规定必修学分修满相关课程。学院课程强调阅读与写作，鼓励专著阅读，以线上课程保障学生随时随地的泛在学习，并强化知识点的全面覆盖；以线下讨论训练学生的批判性思维与合作学习的能力，依托线上线下的混合式学习，为每个学生的个性化发展提供强有力的支撑。博雅学院的教学学院化特点更为突出。

元培学院：强调深入学习、批判性思维及跨学科视野培养。强调课程的选择性与差异性，建立荣誉课程体系，开设理论知识、综合科学实验等专属课程，以俱乐部方式开展学科竞赛。为学科深度延展提供学科竞赛和自主招生方向的课程。元培学院作为拔尖创新人才培养课题项目基地，强调课程的选择性与差异性，提倡学生选修北大通选课、大学选修课。

道尔顿学院：作为北大附中开展的中外合作项目，是学校对外教育合作开放交流的基地。道尔顿学院开设英文课程和中外比较课程。学院借鉴道尔顿教育计划模式，倡导学生任务驱动型学习，促进自主学习、探究能力的发展。最显著的特点体现为小班化教学，每班 15 人以内，全外语授课。较多的国际交流项目，使学生的视野更为开阔，有利于形成站在国际前沿看待事物、分析问题的思维习惯。

北大附中学院制下的课程体系主要包括 4 类：

一是学科类课程，包括行知课程、博雅课程、元培课程、道尔顿课程；二是综合实践课程，包括社会实践、社区服务、研究性学习；三是活动类课程，包括技术课程、艺术课程、体育课程；四是成长课程，公民教育、个人成长。

四大学院的设置，使得学生有大量多元化课程可以选择，以数学为例，一学期学校可提供至少 10 种数学课程。

各学院的基本架构充分扁平化，运行方式充分尊重教师的自主教学。以行知学院为例，主要完成国家课程标准的必修课程和选修课程，教学工作围绕落实国家课程标准，保证学生完成高中学业，并为高考奠定基础。为对应新高考制度，行知学院以数学、英语、物理、化学、地理、生物 6 个科目组建教师团队。行知学院只有院长这个行政管理岗位，对校长负责，学院内再没有其他的管理岗位。教研活动主要是通过教师自行组织的方式开展学科教研活动。一般由特级教师、学科带头人负责一个学科和学科团队的建设。

3. "三大中心"为每个学生做到"学有所需"

北大附中坚持在学分与课时上，同等对待非学科课程与学科课程。在满足学生自主选择的同时，强调课程的实践性与体验性。学校通过建设三大中心：视觉与表演艺术中心、运动与健康教育中心、信息与通用技术中心，同时为初中部和高中部提供非学科课程。

（1）视觉与表演艺术中心

定位：活动类课程。

选课制：40 门艺术课，每天都有艺术课可选择。

学分制：2 个月为一个学段，完成 6 个学分毕业。

教师要求：每位教师都要编写自己的教材，形成课程群组。

活动：每年举办舞蹈节和戏剧节，以书院为单位，每位选学学生必须参加。

北大附中把舞蹈类、戏剧类课程纳入课表；把原来的美术和音乐，引申为视觉与表演艺术。视觉艺术包括美术、视觉设计、影视制作，音乐、戏剧和舞蹈则为表演艺术，围绕这六个领域开设多种课程。由于每个学科的任课教师都是所在专业领域的佼佼者，学生的学业能力进步都非常之快。

授课教师以戏剧节和舞蹈节赛事活动作为驱动设计课程，让学生在赛事中实践所学内容。如舞蹈节，学生分剧组表演舞蹈，各书院间进行比赛，学生需要在专业剧场里进行成果展示。剧组需要做服装，开有服装设计课；需要卖门票，开有平面设计、海报设计课；需要打灯光，开有灯光课；同时还有编剧课、导演课等。因此仅舞蹈节就形成了课程群的模式。学校在场地、师资等方面给予大力支持。如修建了多种专业剧场，如黑匣子剧场、下沉剧场等；外聘北影、中戏、北舞等专业艺术院校的教师或高年级研究生，合作开设专业课程：小班化教学，每班最多是20人，最少是10人，保障教师对每个学生保持较高的关注度和为学生提供展示机会。

（2）运动与健康教育中心

定位：活动类课程。

选课制：20门专项课程。

金字塔式课程体系：基础课程——赛事课程——俱乐部课程。

学分制：4个学段，9周课，16个学分即可完成毕业。

教师要求：每位教师都要编写自己的教材，教学精细化。

活动：每年举办篮球赛和足球赛，以书院为单位，每位学生必须参加。

学校建立运动与健康教育中心，将学校体育课及体育教研组解构重组，核心是基于学生需求，尽可能为每个学生提供一个自己喜欢的体育项目。学校增加了很多特色课程，比如飞盘课、击剑课、柔道课、旱地冰球等20多门专业课程。

学校鼓励体育竞赛精神，设置了"初级——中级——高级"的金字塔式课程架构。底层是基础类课程，中间是赛事课程，顶端是俱乐部课程。基础类课程是必修课；赛事课程支撑学校篮球赛和足球赛；俱乐部课程培养学生代表学校对外交流和参加比赛。

（3）信息与通用技术中心

定位：活动类课程。

选课制：10余门模块课程。

学分制：4个学段，9周课，36课时，完成1个模块得2

学分。

教师要求：每位教师都要做教学设计，做到教学精细化。

俱乐部：组织同学参加多项科技制作活动和比赛。

信息与通用技术中心为学生提供信息技术与通用技术两个方向的课程和活动，涉及程序设计、网络应用、开源硬件、多媒体应用、人工智能、电子控制技术、创意设计、机械工程、建筑设计、简易机器人制作等十几门课程。

技术领域课程旨在提升兴趣、提升学生的技术素养，促进学生全面发展，为未来社会生活做好准备。课程整体立足实践、高度综合、注重创造、强调合作，是科学与人文融合的创新课程。

技术中心为更好发展学生的爱好、特长，激发学生学习计算机技术和信息技术的热情，成立了信息学、互动电子、创意设计与制作、Flash 动画、APP 设计、机械传动等俱乐部，组织同学参加多项科技制作活动和比赛。从 2016 年起，每年举办的北大附中科技节、期末作品秀等活动也给学生们提供了展示自己创新创意、技术理解与创作的平台。这些社团、活动、赛事不仅能拓宽视野，更能增加学生对科技改变生活的真实体验，增强对未来科技的向往，从而更加激发学生主动学习、刻苦钻研、投入发明创造的潜力。

4. 以"书院制"打造学生自治的校园生态

传统班级制学生的社会交往范围被局限在本班的几十名同学之中，这与真实社会生活严重不符。在信息化与全球化的当代，高中学生应注重发展与他人合作、沟通的能力。打破行政班后，学生之间的交往不再受班级和年级局限，学校鼓励学生充分发挥个人自主意识、公民意识、领导力和创新力，借鉴欧美 House 制与中国古代书院制度，北大附中设计实施了现代化的书院制。

书院的原则：生活与教育相融合。

书院的定位：学生自治单位，目前已经有格物、致知、诚意、正心、明德、至善、新民及熙敬八大书院。

组织形式：学生的学习与生活从制度上被分开，书院单纯作为学生取消行政班后的生活集体。在组织形式上呈现出比行政班更为活泼、多元的特点

组织结构：书院自治会是书院的管理单位，全部由学生选举产生。这种组织结构能够有效地锻炼学生的协调、互助、领导能力。

管理方式：书院是学生活动社区，实行自主管理。管理方式要满足多数人的意见，同时又照顾少数人的特殊需求。书院的学生经过选举，构成自己的管理及服务团队，并创造每个书院自己的文化，自己的管理制度，自主发展和解决问题。这种管理方式充分体现了学生的团结合作精神和民主意识。

书院的功能：书院与行政班存在着一些相似功能，但行政班有很强的教师管理功能，书院基本上为学生自治；行政班没有上下传承，书院有学长制；行政班是学生们在一起学习，书院是学生们在一起活动；书院的规模比行政班更大、更丰富，里面有很多小型组织。书院比行政班更具多样性和丰富性，因没有班主任的威权式的管制，学生的许多奇思妙想能得到实施，才华能得到自由发挥。

书院的特点：北大附中的书院与课程没有关系，书院是上课以外的学生交往、活动、生活在一起的场所，其特点为混龄制与学长制。

书院的建立：新生入学后每人都要选报一个书院，并要经过书院学长和学生自己双向选择，加入后学生要积极参与书院议事会，共同决定书院的各项事务及活动的开展。

新学年开始时的招新活动，是书院重头戏之一，由高二学生策划，从设计展示书院文化的海报，寻找契合书院的新生，到出

题、建新生群，录取新人，设计破冰游戏，整个过程都由书院学生自己组织。老师只在录取时把关信息的公开与透明，很少参与日常活动。

书院资金来源：举办戏剧节、舞蹈节、篮球赛和足球赛的赛事奖金是书院主要的资金来源，因此四大赛事成为各大书院一年一度全体书院学生重点参与的活动。除四大赛事的奖金外，其余资金由学生自己调动各种资源解决。

5. 与选课走班制对应的高效率行政处（室）

北大附中学生管理打破行政班制以后，也随之取消了班主任制度。教师专注于授课与课堂管理，课堂外的学生管理工作由学生自治和学校的行政处（室）负责。学校规章制度的实行与督促由教务管理处负责，包括请假批假、违规处分等工作；综合实践处统一管理学生社会实践，包括军训、综合实践等；成长辅导处负责指导学生成长、心理辅导，同时对有意向成为导师的学科教师进行培训，帮助教师掌握学生心理辅导技巧，交流在学生教育工作方面的经验。

6. 以信息技术支撑多元自主的校园文化建设

当代社会教育高度信息化的价值在于构建适合学习与成长的环境。通过整合各种技术手段，学校创建了以前无法想象的学习互动环境，从而教育学生的活动发生得更加自然。实行选课走班制后，学生、教师、家长原有的沟通方式都被打破，学校通过信息化建设构建了全新的师生、家校互动机制，体现在学校教学、管理的方方面面。学生选课、目标体系、过程性评价、综合实践、自主管理、信息通知、教师协同备课、家校沟通等都依托信息技术，使数字化校园环境实现了全面大走班状态下各方面信息的互联互通。

7. "选课币"制度使学生的选课井然有序

北大附中每学期初进行选课，学生需要对本学期两学段的所有课程进行选择，上百个教学班同时开放选择。学生只有在信息全面、透明的情况下，才能做出适合自身特点的选择。因此学校制定学生手册、课程手册，将选课规则明确告知学生，并将课程信息完整公布，包括课程内容、授课教师、评价量规等。学生选课采用"选课币"制度，每个同学拥有相同数量的选课币，根据对课程的需求程度自行分配选课币。如果出现选课人数多于开课人数的情况，则根据选课币投入多少顺位开课。"选课币"制度让学校可以了解学生对课程的真实态度，帮助学校提供多元、丰富、真正满足学生需要的课程，并建立起有序、高效的运行机制。

8. 以目标体系评价学习效果，做到以评促改

北大附中选课走班制满足学生的个性化学习需求，最突出的特点是要给予学生个性化的评价。如果提供了大量的、多元化的课程，却还是用传统的考试方法评价，学生很可能会为了符合评价标准改变自己的学习目标，使选课走班制的教育教学优势打了折扣，学校必须建立科学的评价体系避免这种负面结果的发生。

北大附中利用信息化技术实现对每个学生的个性化评价。首先学生要提交学习目标，系统通过校本数据设计出与达成目标相符合的，每个学习阶段的详细要求。这就相当于把一个大的目标打散，细化。有了目标体系后，通过教师和学生认真落实过程性评价获得数据反馈，教师给学生反馈学习结果的同时告诉学生哪里需要改进，同时推送相关内容，让评价发挥反馈、鼓励、引导、校正、勉励的作用。

经过多年建设，北大附中选课走班制已形成了以"八大书院—四大学院—三大中心"为核心的新型组织架构，一个由学校长期构建的适合每个学生自主发展的多元化校园生态已初步形成。

课程改革之初，学校将目光投向人本身，而不再把教育看成是一种筛选，看成分数和成绩。学校不再把学生的个性、差异，当作一种差距，而是当作一种价值。每个学生都是独特的，都应该拥有个性发展、成就自己的过程。北大附中秉持一片诚心，献出一片爱心，同时保持一片耐心，来帮助、支持学生的个性化成长。

学生是未来的希望，是社会发展的有生力量。他们对理想的执着追求，是学校重视的潜在价值。在传统家庭文化氛围里生活的学生，往往受到过度保护，被过分苛求，没有获得自由尝试、自由体验的空间和时间。北大附中希望用学校的教育理想，用学校的教育理念，用学校创造的教育环境来保护和支持学生，让他们在未来能真正健康、良好地发展。虽然选课走班制的教育成就要在多年以后才能显现出来，但是，根据对教育规律的认识、对未来发展的理解，教职人员坚信，课程改革是为未来考虑，是为国家考虑，是为学生考虑的明智之举。

（二）北京市十一学校选课走班制的成型经验

北京市十一学校原为中央军委子弟学校，1952 年在周恩来、罗荣桓等老一辈革命家的亲切关怀下建立，聂荣臻元帅用新中国的诞生日为学校命名。

适应新课改发展要求，北京市十一学校从 2009 年开始教学转型实践研究，大力推进学校课程体系建设、教学组织形式和学校管理制度改革，构建新型的育人模式，形成有利于每位学生成长的校园生态。

1. 为适应选课走班制重新打造硬件、软件设施

选课走班对教学物质资源提出了更高的要求，学校通过学科教室建设、实验室改造、原有空间的多功能利用等多种措施，为选课走班制的实施提供资源支持；通过加强数字校园、信息化平

台、无线网络建设，为学生选课、教育管理和问题诊断提供技术支持；根据国家课程方案的基本原则和课程标准要求，开展国际比较和实践调研，实现学校课程改革方案最佳化，构建起分层、分类、综合、特需的选课走班教学体系，并组织教师研发各类课程，为不同类型的学生准备个性化课程资源，每人一张课表的选课走班制得以实现。

2. 通过制度建设完善学校治理结构

随着选课走班制的顺利实施，使改革深入到各项管理制度层面，教学管理者对各项制度进行梳理和完善，确保学生的选择权和发展权得到落实。同时学校根据相关法律法规，制定了《北京市十一学校章程》，通过制度建设完善学校的治理结构。

3. 完善课程体系建设，帮助学生做准确选择

课程是实现学校育人目标、办学理念的有机载体，学校教育的价值追求、培养目标通过课程与教师、学生建立联系；教学管理通过课程整合教育资源，更好地为学生服务；只有课程改变，学校的方方面面才能改变。本着这样的认知和思考，以满足每一位学生的成长需求为主旨，学校开始尝试选课走班制。根据国家的课程标准和本校学生实际，将国家课程、地方课程和校本课程进行整合，将国家课程校本化，构建了一套分层、分类、综合、特需的可供选择的课程体系。力图通过可选择性的课程把学生自主发展的主体意识调动起来，唤醒每位学生的潜能，促使学生在自己的兴趣爱好、学科优势上健康发展。

北京市十一学校经过不断的开发、调整、完善，目前课程种类呈百花齐放的态势，全校已经开设308门学科课程；31个综合实践课程；65个自主管理课程；93个职业考察课程；258个社团课程；16个高端项目研究课程；15个大学先修课程；12个游学课程、6个书院课程。这种高选择性的课程，极大地激发

和唤醒了学生自主学习的热情，让每个学生找到了适合自己的学习路径。

为了让学生选课时能做出正确的、适合自己的选择，学校为每个年级的学生编制了课程手册，每个学期，学校和年级都会做课程宣讲，解读课程手册。即使如此，面对丰富多样的课程，有的学生没有做过未来职业生涯规划，不知道什么课程真正适应自己；有的学生面对多个喜爱的课程难以取舍；有的学生好高骛远都选高层课程；还有的学生有从众心理，小伙伴选什么他就选什么……但是每一个学期，学生都需要选课，渐渐地学生就会发现要认真对待选课，高层课程不一定适合自己，有时为了应对一门高层课程，付出更大的精力耽误了其他课程的学习，课程不是越高越好，适合自己最重要。有的课程，小伙伴可能听得津津有味，自己却不太感兴趣。学生在选课走班实践中学会了解自己，明确自身特长，找到了自己的目标和方向，通过选课发现和唤醒了自我意识。可以说选课本身就是一门课程，学生逐渐学好选课这门课，学习上才更加得心应手，因学得好、学得兴致大增，激发出更大的内在动力。

学生根据自己的目标和方向，根据自己的学习基础和兴趣爱好，选择适合自己的课程，实现了每人一张课表，学生每天拿着自己的课表高高兴兴地到学科教室去上课。

4. 构建内容丰富、色彩斑斓的学科课堂

北京市十一学校往昔一间间普通的教室，由于选课走班而成为一间间学科功能教室，学生到数学教室上数学课，到语文教室上语文课……教室有了浓厚的学科氛围，教师用丰富的学习资源充实学科教室，有学生需要的图书、视频、标本、模型、挂图、仪器等各类教学资源，学生每天都看得见、摸得着，帮助他们随时随地进入学习状态，主动让这些资源进入学习过程，助力学习目标的实现。学科教室内到处张贴着学生的作文、课堂笔记、演算的习题、读书心得，也有书画和模型，学生自己看得见的成长足迹激发了学习上的自信心，每天感受着学习中的收获，体验到了成功的喜悦。

选课走班制使学生在良好的学习氛围中，通过课程选择、课程引领，不断明晰自己的学习目标和努力方向，不断发现自己的特长和优势，非常利于形成独立人格、独立思想，激发出自主发展的动力。

5. 完善全员育人目标的教育管理体系

选课走班制的实施打破了行政班制的管理模式，面对处于流动中的学生，管理的工作量陡然上升，需要建立与之配套的管理机制。经过一段时间的探索，北京市十一学校建立起全员育人、自主管理的教育教学体系。

在年级层面实施"分布式领导"模式，领导角色由多个组织成员共同承担，实行动态更替、轮流"执政"制度。领导角色更替的依据是，任务特点和成员能力匹配程度的高低，做到人尽其才。年级根据具体工作成立不同的项目组，任课教师根据专长承担管理工作。年级层面的教育教学事务管理分解为咨询师、导师、教育顾问、学科教研组长以及各个项目组主管等多个岗位，这样既确保了年级工作的高效有序，又保证具有较高的专业化程度，也给每一位教师搭建了成长平台。

选课走班制，对学科教师的教育能力提出更高的要求，每位学科教师不仅要负责本学科的教学工作，还要关注学生的心理、身体、情绪、人际交往、思想品德等多方面的情况，也要为学生未来职业生涯规划与人生目标提供指导。简言之，不仅要教会学生学习，更要教会学生学会做人，每位教师都要从学科教学走向学科教育。当每位教师都成为资深学科教育者时，学校才能实现全员育人的教学管理目标。

全员育人目标的实现要与学生的自主管理结合起来，形成一张和谐的网络，最终让每一位学生学会自我管理。按照"评优体系引导＋基本行为规范为底线"的思路，学校改进了评优体系，让具有不同潜质和能力的学生展露出来，发挥优秀学生正能量的引导作用，学校在给予学生选择权和自主发展权的同时，更强调规则意识和良好的行为规范，从学生成长的角度，制订《学生在校基本的行为规范》，学生的学习、生活管理做到了制度化。

6. 建立多样化的教学诊断和评价机制

选课走班制具有多样化、可选择的课程体系，必然需要变革一刀切式的评价体系，将教学评价从管理工具转变为引导学生发展、服务于教学质量的有效机制。

教学过程性评价系统的有效运行，促使学生关注自己的学习过程，随时随地记录和反馈学习信息，有利于学生不断调整自己的学习行为、学习进度、学习状态，帮助学生养成良好的学习习惯。还可以充分发挥考试的诊断功能，通过诊断分析，帮助教师找出教育上的问题和学生在学习上问题，为教与学提供针对性解决方案。

7. 选课走班制实施后取得显著效果

北京市十一学校经过近 10 年的教学改革实践，学生和教师的状态都发生了很大变化，呈现了一个崭新的校园形态。根植于国情和地方文化特点的条件，面对教育模式的困惑，摸索出比较成型的选课走班运行机制。在构建选择性课程体系和导师制、分布式领导策略实施、评优体系的改进、评价诊断体系完善等方面已经取得了显著成效。师生关系更加和谐，学生家长和社会各界对北京市十一学校的课程设置、资源使用、组织管理、学校秩序等都给予了很高的评价。特别值得一提的是，学生的自我负责、自主发展意识和社会责任意识明显增强，绝大多数学生认为选课走班制有利于自己的未来发展。

实施选课走班制以后，越来越多的学生认为自己学会了管理和安排自己的学习生活，教师在这个过程中，也获得很大的专业进步和能力成长。教师不仅有了更强的课程意识，成为课程的设计者和开发者，提升了自己的学科能力，而且加深了对教育责任的理解，有了更好的学生观、质量观和教育观，在从学科教学走向学科教育的过程中，实现了从教书匠到教育者的转变。校园到处充满着活力，到处都蕴含着教育的力量，呈现出欣欣向荣的景象。

选课走班制是一种新型的教学模式，对教育的价值选择、育人方法的创新发挥着拉动和引领的作用，也给教学组织形式带来前所未有的冲击与挑战，北京市十一学校经过不断的探索和实践，虽然卓有成效，但仍存在学生缺乏归属感，个别教师压力过大等问题。学校教学管理者认为实施选课走班制给学校管理带来了巨大挑战，但他们在迎接挑战的过程中发现了更多教育改革的机会，包括为帮助学生进步和成长提供机会，为教师的成长提供机会，他们愿意为利用这些教育机会不断地进行努力和探索。

（三）复旦大学附属中学选课走班制体系化经验

复旦大学附属中学（以下简称"复旦附中"）创办于1952年，1962年定名为复旦大学附属中学，建校60多年来，始终秉承复旦大学"博学而笃志，切问而近思"的校训，素以"教风民主严谨、学风踏实自主、学生基础厚实"颇负盛名。

复旦附中具有进行教育改革的良好基础，特别是2014年以来，作为新高考试点区域的示范性高中，在实施选课走班制的教改实践中积极探索，取得了一些成效和经验，可以为处于探索课程改革的学校提供参考。

1. 高考改革试点背景下八大课程体系建设

复旦附中作为一所大学的附属中学，要为大学培养有坚实的知识基础、广阔的学术视野、高尚的人文情怀，具备团队合作精神的学生，学校将教育改革聚焦在"人才培养和人的发展上"。复旦附中从2014年开始建立文理学院，在学生自愿的情况下，将文理不分家的通才教育作为素质教育的一个重要方面，为第一届新高考改革做好了准备。

复旦附中的课程改革目标是：建立并完善能满足学生全面素质发展和创新人才培育所需要的课程体系与教学机制。除确保完成国家规定课程的教学任务，提高学生综合素质，使学生具备完整的现代知识结构和技能。同时，课程建设能够充分体现复旦附中的特点，与大学课程相关联，突出基础教育与高等教育衔接期的培养需要，培养学生具有较强自主学习能力和适应社会发展需要的技能。

2014年高考改革在上海试点，复旦附中从2013年开始，强化基础型课程、拓展型课程和研究型课程三大课型之间的融合与协调。并将班级规模缩小到每班35人左右，同时增加班级数量。在不增加每位教师承担的基础课程课时的基础上，强化教学质量。

拓展型课程设置分8个领域：人文与经典、语言与文化、社会与发展、数学与逻辑、科学与实验、技术与设计、艺术与欣赏、体育与健康。

每个领域的课程数为：人文与经典10门、语言与文化15门、社会与发展9门、数学与逻辑10门、科学与实验14门、技术与设计6门、艺术与欣赏8门、体育与健康9门。

教学形式实行总量控制下的分块指导，对于所有课程精心实施、严格考核。拓展型和研究型课程打造了丰富的、具有复旦附中特色的校本课程体系，8个领域的校本选修课程，与大学本科生通识教育课程一脉相承，不仅训练了学生的选择能力，也让学生建立起丰富的学科意识，让学生在获得全方位发展的基础上发现并钻研自己的兴趣爱好，为高考新政下的选考做好思想准备和能力保障。每个学生在高一、高二的选修课时间总共可以选修短课程8门，或者长课程4门，也可长短结合。

2. 开设"微课"为学生职业生涯规划热身

复旦附中为了让学生在高中三年获得扎实而全面的学识，在进入大学后仍然有充分的发展空间，开设集中、连续、短期的课程，简称"微课"。相比一小时多的单次讲座，微课能够较为全面而深入地展示学术的运思；相比大学的以学期为基本单位的体系化课程，微课对于学生的前期储备要求较低，趣味性更强。

微课的核心不在于从"面"上对某一领域或专题作全景式展现，而在于在"点"上将研究对象、研究方法和学术思想对学生加以展示并对学生有所启发。主要特色有以下几点：

一是微课的教学对象针对全体高一学生。在学生对微课的种类进行筛选时，可以根据自己的兴趣决定所学微课。

二是开课的教师来自复旦大学的各院系，基本涵盖了复旦大学所有的学科，这其中有声望卓著的教授，也有口碑较佳的青年学者。

三是微课的课程考核采取宽泛的方式。有的学科分"及格/不及格"两档，有的学科分"优秀/及格/不及格"三档。开设微课的目的是在学科"点"上的突破和深入，不求面面俱到，经验丰富的教师都能在自己的领域选取若干合适的专题与高中生探讨。而在高一开设微课，目的是为高中时期开展生涯规划提供参考和帮助。学生在一门微课结束后，会写一篇文章进行学习总结，讲述自己的感想、体验和收获。

3. 制订复旦附中选课走班制实施细则

复旦附中高一年级不分层走班，而是按照原来的行政班上课，目的是让学生亲身体验 6 门选考学科（理化生政史地）的学习过程，发现自己的学科兴趣，也为了保障对国家学历教育的基本标准和要求的有效实施。期间针对新的高考新政进行系列解读和宣传，开家长会、年级大会，让家长和学生了解、熟悉国家实行高考新政的目的和意义，分析选科的基本原则和条件，并充分理解本次高考改革所提供的选择机会：学生应本着兴趣特长与未来职业生涯发展规划，合理地选择适合自己的学科，而不是以恐慌的心态甚至是投机的心态去被动迎合新高考方案。

高二年级的第一学期开始，6 门选考学科开始分层走班教学。从实行三届选课走班的情况看，学生对理、化等自然学科的认识比较充分，学习也比较自信。第一届（2017 届）高二的地理等级考只有 130 人选考，也就意味着 2/3 的学生在高三高考阶段是完全的"3+3"考 6 门。等到社会对新高考政策有了相当的关注和评论后，有建议认为应减少高三的负担，最好在高二结束一门或两门的等级考科目。囿于社会反响，2018 届、2019 届选考地理的学生大幅增加，并且在高二也可以完成生物等级考试时，2019 届选考生物的人数也大幅增加。但是，学校不鼓励学生在高二时同时选考生物、地理，毕竟因为考试氛围还不浓厚，学生对学科认识的心理成熟度还不稳定。

4. 复旦附中选考科目人数增加的比例分析

复旦附中资优生在讲究学习难度、技巧等方面比较有优势，但是等级考将考试难度由 0.65 改到 0.75 后，高考的区分度下降，更注重基础和对学科的规范表述，这对一些资优生没有优势，相反，由于考虑问题过于深入，反而将简单问题复杂化，考试分数并不理想。

从复旦附中三届选考科目的人数统计来看，因化学比物理相对易学，人数维持 2/3 的比例，与"3+1"时代相比人数翻倍。生物因为可以在高二就进行等级考试，人数有所增长。生物、地理的总人数由 2017 届的 234 人、2018 届的 306 人到 2019 届的 391 人，人数大幅增加，也说明了将高考科目分解到高二完成的战略，已从选择变成必行之举。政治学科因为将选择题改为 3 个选项，相对易考，人数也在增加。

复旦附中在全员生涯规划指导基础上尊重学生的选择，为学生提供 20 种组合的课程菜单。利用软件设计同时结合人工调整，生成了每个学生的走班课表，学生一人一张课表，上面注明走班上课的教室地址及教师姓名。等级性课程每周 3 课时，合格性课程每周 2 课时。

5. 学生选科与职业生涯规划紧密结合

学生未来职业生涯规划需考虑自身的智能、性格取向、价值观以及学科优势，期望自己能适得其所，而不是一颗摆错位置的棋子。复旦附中学生按未来职业生涯规划选课特点有以下 3 点。

（1）学生按个人需要选择"小三门"

学生刚进高中时就根据自己的兴趣特长选定"3+3"学科的"小三门"，并按照行政班教学特点，将相对灵活的"小三门"20 种组合餐，固定为几种常见套餐，方便行政管理，基本定位于"小走班"模式。

（2）规定志愿活动 60 学时的要求

为了让学生到社会生活中去感受体验未来职业生涯特点，设计了一系列商业活动，如"星期八小镇"，就是为少年时期开设游戏形式的社会场景和职场角色扮演活动。学生到社会上体验职业生涯的活动不仅多种多样，还很有趣味性和启发性，使他们学习到校园里根本学不到知识和技能。

（3）请校友和社会机构来校进行专业、职业介绍

复旦附中除了请毕业的校友返校进行专业、职业介绍，在高考填报志愿时，还聘请精算考分与大学专业录取高度匹配的第三方机构对学生、家长进行技术指导。

学校为了能为大学提供志向、专业、情怀匹配的学生，使学生的学习过程更自觉、学习生涯更具持续性，复旦附中的教育教学注重培养学生坚定的职业信仰。有了这种信仰即便遇到"红灯"，也会相信最美的风景就在最困难的关口，对未来充满信心。学生具备坚持而不偏执的个性——基于理性的分析后产生的合乎客观规律的判断能力，就有了成为优秀人才、创新人才的潜质。

6. 引入英国测试系统，为学生职业规划提供大数据分析

复旦附中引进英国最具前瞻性的青少年职业生涯测评与反馈系统 POLAR（Potential Occupational Assessment Rubric）。这个系统在英国顶尖的贵族公学中被广泛使用，实践应用已经有 30 多年的历史。POLAR 经过本土化研发，为具有优质潜能的高中学生量身设计学业方案，帮助学生及其家庭选择适宜的个性化高等教育路线。

这个系统能综合评估学生的多元智力与非智力表现，精准定位高中生的五大升学专业优势与核心专业素质，并在此基础上，以英美及亚洲著名大学 50 项专业类别为数据库，为学生提供个性化的升学决策建议：选择最切合自身现状与潜能发展的专业领域及大学学位课程；提供与专业相关的大学信息，以选择高等教育升学路径；更为重要的是，整个报告以"生命广度——生涯深度原则（life-space, life span principle）"为依据，指引学生通过一系列深入的专业——大学探索行动，尽早了解自己的阻力及助力，掌握自主规划未来历程的策略，帮助学生达成与自身情况

第二章　选课走班制与教学模式「大翻转」

相吻合的职业生涯决策。

7. 精英培养计划促进学生全面发展

复旦附中的精英学生培养计划是于 2011 年 5 月启动的一项综合类课外实践计划。针对学生成长规律和个性化需求，设计了主题讲座、素质拓展、外出考察等活动。

2018 届毕业生开展各类活动 20 余项，包括教授、学者来校主讲的涉及生活哲学、前沿科学、政治经济等方面的学术讲座，以及学生到工厂、工业园区考察，进行野外生存训练，到外省考察等素质拓展活动。在外省的考察过程中，学生深入基层，进行小组调研，并完成调研报告。学生对国情民风有了较深的了解，国家意识、社会责任感、集体荣誉感、团队精神、自我规划与选择、主动学习、批判思维、同理心、适应能力、解决实际问题的能力均有很大的提高。精英培养计划带给学生的是全方位的成长。

复旦附中精英培养计划培育的是有社会责任感的学生，近年来优秀学生逐年增多，可见学生已经把自己的前途发展和国家、民众的需要紧密地联系在了一起。

8. 适应选课走班制的教学效果评价办法

教育教学评价需呈现出更加积极的多维度、多方位的形态机制，突出人才培养所必需的核心素养内涵，认识教育教学过程性体验的意义。原有的考试评价体系侧重解题能力与单一分数形式的评价，而在选课走班的背景下同一学科的不同层次将用不同标准去评价，学习的过程性评价需要有非常充分的体现，考试结果并不能完全取代学习过程评价。所谓合格考试科目的学习并不特别需要为最后的通过与否担心，而体现的恰恰是学历教育的完整性与素质化。教学评价就应该是多维的，尤其需要掌握对学生学习过程的实录反馈。教学模式也将更重视过程性体验，如阅读、运动、游览、实践、研究、交流等，努力推行学程性记录和学分绩点（GPA）综合评价，确保全方位培养的质量与效果。学生评介分为以下两大项。

（1）学生平时成绩的评定

出勤情况 25 分，课堂表现 25 分，作业情况 25 分，测验成绩 25 分。

（2）学期总评成绩的评价

H 类课程：

学期总评成绩（100%）＝平时成绩（50%）＋期末成绩（50%）

平时成绩（100%）＝出勤＋作业＋课堂表现＋阶段测试（各占 25%）

D 类课程：

学期总评成绩（100%）＝平时成绩（30%）＋期中成绩（30%）＋期末成绩（40%）

平时成绩（100%）－出勤＋作业＋课堂表现＋阶段测试（各占 25%）

9. 选课走班后学生日常管理的新特点

复旦附中开展选课走班制后，分层走班全面铺开，每个学生要在相应的学段，不同的教学场地进行不同的选 3 科目学习，原有的学科教学的封闭性被打破，所有信息在走班传播过程中也会进行着丰富和整合。原先的行政班教学有利于整体教学目标的实现，而分层走班教学使学生个性得以增强，可以实现不同学段、不同层次、不同模式跨越学习，更关注到每一个学生的类型和需求，教学的针对性和主动性增强。为此，必须建立学生日常管理的新体系。

开学第一周内，允许学生调整选科，从第二周起至学期结束不允许学生再次调整选科。为了保证正常的教学秩序，实现预期的教学目标，采取如下 7 项管理措施。

一是在固定时段实行按照学业水平合格及不同学科优势要求进行分层教学，优势较强的班代号为 H，优势较弱的为 D，每位学生都确定有 3 门 D 类课程、2—3 门 H 类课程。

二是每位学生仔细阅读个人课表，确定自己的选课类别与具体上课时间、上课地点，对照科目名称与教室号，提前了解并做好学习准备。

三是教室内学生的个人物品必须存放到教室后橱柜中，在非上课时间课桌内外不得存放任何个人物品，相关学习用品（书籍、文具、作业等）走班时随身携带，务必提前做好上课准备。

四是课间 10 分钟（含预备铃 2 分钟）必须做好个人卫生及上课预备工作，不可拖拉迟到，要有充分的时间考虑，尤其是如果前面一节课不在教学楼而在实验楼进行的情况下，要提前出发，准时上课。

五是每门课程由任课教师确定一个或多个课代表，负责协助任课教师做好课内外教学工作，包括收发作业、联系课程班内的学生、课前课后的教室执勤安排等。

六是在教师办公室前设有作业收发柜，各门课程布置的课外作业可以按照教师的时间要求，投放到相关学科课程的橱柜位置（看清柜子上的标签），课代表按时整理并负责交送发放。

七是在相关课程教学中，学生必须按照任课教师安排确定固定座位，不得随意变动；每节课前都由任课教师负责考勤，并做好记录，如有请假可由课代表转达任课教师，事后学生本人到教务处办理销假手续。

10. 为给学生及时答疑创设"切问室"

选课走班制分层教学使学生每天课时数增多，下午一般到 4 点 30 分结束课程，住校生 5 点可以去食堂吃晚饭，6 点半开始上晚自修。为确保晚自修的安静和高效，学生一般不走出教室到办公室与教师交流。学校特别设了"切问室"，以弥补师生间的沟通解惑环节的缺失。

"切问室"及时公布教师答疑时间、地间以及教师的安排情况，不仅有效地吸引了学生前来解惑，同时教师也能收集到学生思考较多的问题，能认真研究课堂教学的问题所在，得知所出题目是否偏难的判断。年级组和教导处对寻求答疑学生的频率进行统计，并总结答疑与学习效果的关系。

学校曾以高一、高二、高三三个年级作为实践对象，组织教师承担答疑工作，在指定时间、地点，等学生自愿地前来寻求答疑解惑，教师以听学生思路为主，再加以评价、指点、纠偏；年级组统计记录学科答疑次数、学生需求量、学生思考的大众化问题，并反馈给教研组做教学反思；教导处根据学生的答疑情况对比学习效果，给出一定的结论，鼓励更多学生参与答疑解惑。

从学校所做的统计数字来看，学生来寻求答疑的人次统计只是一个象征性的操作，很多学生不愿意签到，还有学生在午休时来问相关问题。所以，签到只是形式，答疑室的真正目的是给学生一个诊疗问题的空间，让学生找得到教师，个别学生已经养成了每天来答疑室的习惯。

11. 学业导师和班主任双重管理的作用发挥

学业导师和班主任的双重管理能充分体现全面培养、全员德育的理念。高中阶段学生的学业紧张，更需要教师的关心指导。导师制、答疑室的实践表明：只有让学生表达出他自己的想法，教学才会高效，学生才会提高学习的主动性，教师要及时倾听学生的想法。为了关注到每个学生，激发学生的内驱力，平衡学生承受的压力，了解学生的目标，每位学业导师承担 10 个左右的学生指导，从生活、思想、喜好、阅读、学业、理想、升学等方面辅助班主任的工作。

（1）学业导师与学生的沟通及团队交流

学业导师要与学生建立起彼此的信任感和亲密关系。虽然平时除了课堂内外，师生间很少有近距离的交流，但在进行职业生涯规划小团队的交流时，双方的互动更加直接，能够拉近彼此的距离。而信任感的建立又为进一步的工作打下良好基础。

从学生管理的角度出发，学业导师可以从侧面了解学生，从而获取更多方面的信息，让学生的形象更加立体化，使得个性化培养和过程性评价更加容易实现。虽然小班化教学已经大大拉近了班主任和学生的距离，但班主任的精力还是难以分配到每一位同学。在走班分层教学的背景下，学科教师若没有合适的途径，也无法与学生进行恰当的交流，学业导师的工作恰好给学科教师和学生搭建了沟通的桥梁，也为班主任工作填补了一部分空缺，不失为一种高效率的策略。

复旦附中学业导师的工作实践经验表明，建立学业导师团队之初就已经有了相当透明的双向选择模式，将这一模式进一步细化能取得更好的管理效果。因为学业导师的详细资料，即个人特色、擅长领域与学生的个人简历、兴趣爱好等被制成双向选择细目表，可以让导师和学生的选择更加有的放矢。此外，在学业导师团队的成长历程中，学校组织的导师交流活动给较为年轻的学业导师很多有力的指导和帮助，这样的交流活动模式固定化，并与学校相关部门合作，增加类似职业知晓度培训、心理辅导培训、校外专业机构培训等，使学业导师在生涯规划技能方面取得长足进步，对学生的管理、生涯规划指导也能发挥更大的作用。

（2）建立学业导师委员会的重要性

复旦附中的学业导师认为，很有必要建立类似学业导师成长委员会这样的组织。这个委员会的成员包括教学管理者、经验丰富的导师、新任导师、未任导师但关注导师活动的教师、导师指导的学生等，举办定期或不定期的交流，可进一步促使导师制度的完善。在网络信息交流如此发达的情况下，学校建立官方的导师团体微信平台，由专人维护，发布相关信息，让学生和导师都能够在其中获取有利信息，可以推动学业导师工作效率的提高。

（3）学业导师与班主任共同为高三学生缓压

复旦附中高一、高二还以班主任管理为主，针对学生参与科技创新大赛等活动，由学业导师指导。到了高三以双向选择的方式为学生安排学业导师。经验表明，高三年级的学业导师工作更倾向学生的心理疏导，为学生构建一个小团体，全方位地陪同、交流、沟通可以平衡学生过高的心理压力。

12. 实施选课走班制的现存问题及相应对策

为满足学生选课的多样性需求，有些班级班额小到20多人，这样就会出现师资和教室的不足。走班需要公共教室进行课间过渡，这是学校面临的较为棘手的问题之一。在客观条件不足的情况下，学生到其他班级上课，而里面正在上课的学生还不能出来，这样就会出现学生积压在走廊等待换教室的情形，有时会被影响3—5分钟的上课时间。如果有更大的更多的空间，将学生的行政班和走班教室分开，即走班教室是公用教室，则不会出现这种类似演出开始之前"候场"的局面。

选课走班与传统行政班教学模式相比，需要增加配置20%—50%的教学资源，才能较好满足个性化培养需求。高二选考生物、地理的学生人数增多，这两门课程的师资也出现了不足。应急的措施是学校间进行调配和互助，学校招聘教师时增加这两个学科的教师人数，但成熟的师资还需要一个培训过程，这是大多数学校在选课走班制下相对比较被动的方面。需要学校因地制宜进行调整，更需要教育行政部门的支持。

13. 学生和教师对选课走班制的评价

复旦附中于 2014 年成立的文理学院是实施走班制的一块试验田，从高一进校就进行 120 人的"大走班"。为 2015 年在全年级开展走班教学积累了经验和教训。师生在此过程中都有自己的看法和见解，学校在师生的共同讨论和磨合中进行工作修正。针对 2017 届学生做的相关调查问卷分析如下。

对走班制的总体满意率为 87.25%；

关于班级管理难点：认为值日混乱的（如空教室无人打扫）占比 35.29%；认为找人困难的占比 73.53%；认为通知或材料难以发放的占比 74.51%；

对学业导师关心总体满意度为 62.75%；

学生对专项课的总体满意率为 80.39%；

文理学院"大走班"后，120 人同学中的平均关系比重为：亲密的 9.56 个，成为好友的 33.7 个，认识的人数 64.63 个，不认识的人 12.12 个。

2017 届文理学院的学生虽然对行政班有归属感，但对 120 人大集体更有归属感。这批学生在人际交往上突破了传统行政班制的限制，在不同的走班课上遇见不同爱好、不同特长的同学，为他们提供了人际交往的便利条件。选课走班制必然能够带来学生之间的更多交流、自省与思考。走班时，在自己相对不擅长的学科上，经常受到该学科优秀同学的启发。这个好处短期内不一定能够展现出来，但这些启发、这种友谊对学生成长定有长远的助益。

复旦附中教师认为，选课走班制使得教学秩序有一些混乱，以及难以找到学生。这是走班几乎不可避免遇到的问题，主要是由于教师习惯了定班上课的模式，对走班上课相对不够适应。取消文科班、理科班，将文理特长或爱好的学生融合在一起，从新高考制度的角度平衡了学生对学科的态度，这是有利的方面。跟竞赛有关的专项课是学生自动选择的，没有进出机制，学生的水平参差不齐，教师教学时很难把握速度和难度。影响到了学生竞赛学习的环境与状态，没有理科班的竞赛环境，导致走竞赛路线的同学没有得到更贴身的训练，这是有待强化的一个方面。

复旦附中在三门等级考试的选择中，积极主动地从高一开始就为学生提供了思考的环境：体育课的专项选择，让学生认清身体素质的重要性，并在三年一贯的训练中，习得一项专长，从精神状态和人际交往合作上为学生提供了学习保障；研究型、拓展型课程的全方位补充、浸润，也让学生学会了选择的智慧，认清自身的兴趣所在并拓宽了视野；大学的微课程更是将大学的专业发展提前普及给学生，帮助学生看清今后的自身发展方向。

选课走班制带来的变革强调"教无定法"，各学校都要遵从教学规律，从自身客观条件出发，以学生发展为本，各种做法都要立足于培养学生自主学习、自我管理、自我认知能力，懂得以理性的态度、批判性思维为自己的未来发展做出选择。

第三章

中小学课堂教学变革——翻转课堂

新中高考制度推动的教学改革突出的特点有两点：一是选课走班成为教学组织形式变革最重要举措，以打破行政班、建立教学班为主要标志。二是翻转课堂成为教师课堂教学变革最重要的方法，以学生自主式学习、讨论式学习、研究式学习为主要标志。虽然这两个方面的变革，各中小学以渐近式向前推进，但是全面铺开的日子已经为期不远。

国内许多学校翻转课堂的实践表明，翻转课堂当之无愧，成为课改的主流模式，它以信息技术为依托，以学生个性特质、学科知识点作为出发点，打破了传统固定的、统一的教学内容，因材施教；着力构建新型的师生关系，激发学生产生学习的内动力，教师及时的辅导和帮助；从而促进了教学资源的有效研发和利用，让优质资源公平共享；是生成性课程理念的具体体现。

一、翻转课堂带来课堂教学的革命性改变

翻转课堂随教育信息化发展应运而生，对教育现代化在两个方面起到了巨大的推动作用：一方面促进了教育观念的改变、教学方式的创新、教学过程的优化，另一个方面引发了学生学习方式的转变和学习质量的提高。

（一）翻转课堂发起的源头与全球热潮的兴起

1. 迈阿密大学最早出现翻转课堂的雏形

2000 年，迈阿密大学的三位教师在进行"经济学导论"教学时，提出了一种新的教学模式：把原先在课堂上需要教师讲解的教学内容，让学生在课前通过自学完成，教师在课堂上不再进行讲解，传统教学中需要学生在课下完成的学习内容拿到课堂上来进行，通过教师的辅导、指导来共同完成。这种新的教学方式引起高等教育界的关注，不久他们在论文中提出了"翻转的"课堂教学模式：教师上课前制作好学生学习的视频，将其作为学生的课后作业，在课堂上教师通过答疑解惑、与学生共同探讨的方式共同进行学习与研究。

2.翻转课堂伴随互联网技术发展成为热点

真正意义上的"翻转课堂"始于科罗拉多州落基山的林地公园高中。2007年,该校化学教师乔纳森·伯尔曼和亚伦·萨姆斯将教学视频上传到网络,帮助缺课的学生补课,取得良好的教学效果。随后他们扩展了视频教学的范围,让学生在课后完成新课学习,在课堂上完成作业,并讲解学生学习中遇到的难题,这种全新的教学模式在学生中广受欢迎。为了让其他教师理解和运用翻转课堂的理念和方法,2012年1月30日,他们在林地公园高中举办了翻转课堂开放日活动,让更多的教师和服务于教育事业的人员观看翻转课堂的运作情况和学生的学习状态。这种方法使翻转课堂教学模式得到众多教育同行的认可。

翻转课堂教学模式的广泛应用与互联网技术的发展密切相关。先后毕业于麻省理工学院、哈佛商学院的萨尔曼·可汗,从2004年开始通过互联网对表妹进行绘画教学,从中受到启发创建了可汗学院(Khan Academy)———一个非营利的教育机构。可汗学院的网站提供超过6500个教育视频,为翻转课堂提供了优质教学资源,促进了翻转课堂的发展。到2012年7月,网站视频被点击数已超过1.6亿次,全球特定用户超过500万人。也就是从这时开始在全球掀起了翻转课堂的热潮。

3.翻转课堂与慕课(MOOC)相互促进的关系

翻转课堂是翻转了教学流程和师生角色定位的教学模式,"慕课(MOOC)"是指大规模开放的在线课程,翻转课堂与慕课是"互联网+教育"背景下知识传播的方法。MOOC第一个字母"M"为massive(大规模);第二个字母"O"为open(开放);第三个字母"O"为online(在线);第四个字母"C"为course(课程)。

翻转课堂与慕课是依托网络信息技术将在线学习与课程学

习相融合的关系。由于幕课具有灵活性、自主性、可重复性、短小精悍、主题突出、易传播、交互性强的特点，致使翻转课堂能更广泛地利用优质教育资源，扩展教育方法，提升教育价值。没有慕课就没有现代化的翻转课堂，两者相互信赖、相互促进。

4. 翻转课堂在我国的兴起与发展

随着翻转课堂在国际教育界日益走红，其影响力也越来越大，我国的翻转课堂实践从 2011 年开始，重庆聚奎中学对美国的"家→校"模式进行了本土化改造，确立了"课前→课上"翻转课堂模式，开始在数学、物理、化学、英语学科进行实践。山东昌乐一中从 2013 年开始尝试翻转课堂，2014 年覆盖从初一到高三全部学科。

北京市第四中学（以下简称"北京四中"）于 2008 年成立网校，开启了"类翻转"模式。2011 年翻转课堂传到中国后，他们探索出"线上＋线上""线上＋线下"模式。针对在校学生探索出"三翻二段十环节"的模式，积累了海量微课、试题、高清视频、教学参考、优秀课件等优质教学资源，获得了丰富的"互联网＋教育"经验。到目前为止，北京四中网校翻转课堂教学模式运用于全国千余所分校、合作学校。

近年来，由于大数据技术、人工智能技术的突飞猛进，更使教育教学变革日新月异。翻转课堂在中小学教育中的作用日益突显，伴随中高考制度的改革，翻转课堂代替传统课堂的速度正在加快。

（二）翻转课堂在教学模式改革中的作用

国外一项在线调查表明，超过 70% 的学生认为翻转课堂是一种更好的、更便捷的学习方式。学生们表示在翻转课堂上与教师和同学有了更加频繁积极的互动，翻转课堂上的学习是一个更加积极主动的、互相促进的过程。

1. 翻转课堂通过幕课学习体现教育公平

体现教育公平最关键的因素在于教育机会的均等，而传统课堂的教育机会不均等体现在许多方面。由于传统课堂是以课上教师讲授、讲解内容为主，对于没有听懂课程的学生会因为阶段性的落差产生学科学习的整体塌陷，这是因为没有给他们提供解决不懂、不理解的机会。而翻转课堂中学生的课下学习有重复性、不受时间限制的特点，可以通过自主学习和教师的课上解答及时有效地解决难点、难题，以每个学生更容易学懂弄通的结果体现教育公平。此外，学生请病、事假，因体育训练、文艺演出、参加各种大赛等不能准时到校学习，就会因为缺课而影响学习进度，翻转课堂课下学习的自由度大、自主性强，完全可以克服缺课、断课产生的影响，而教师的在线答疑、平台互动也可以解决因课上学习不能到场产生的弊端。

传统课堂对于学科优势强、善于自学的学生来说，也会因为教师要在课上顾及大多数学生的学习，使他们在已经弄懂的内容上浪费时间和精力，这也是教育不公平的一种体现，而选课走班制和翻转课堂却给了他们自由选择课上学习、自主安排学习内容的权利，使他们有更快、更突出的进步。

2015年5月，习近平主席在"致国际教育信息化大会的贺信"中说："通过教育信息化，逐步缩小区域、城乡数字差距，大力促进教育公平，让亿万孩子同在蓝天下共享优质教育、通过知识改变命运。"教育公平是人才培养的催化剂，教育公平也是社会公平的体现，翻转课堂和慕课学习将更大程度地促进教育公平，更全面地体现教育成效。

2. 翻转课堂促进信息技术与学科教学的深度融合

翻转课堂这种新模式，能促进教师从灵魂深处上更新教育理念、转变观念，通过信息技术的理论学习和亲身实践，体验到信息技术与学科教学深度融合的方法，在教学实践中改变教师教的方式和学生学的方法，激发学生的学习兴趣和内动力，进一步推动教师运用信息技术与学科教学融合的研究和实践。教师提高计算机的操作技能，熟练掌握电教设备及计算机硬件、软件的使用，并在此基础上熟练应用本学科软件；在平时备课、上课和组织学生学习时，把信息技术作为重要工具应用于课上、课下教学活动。教学管理者也要不断鼓励教师对信息技术进行钻研，促进信息技术与学科教学的融合与课题研究，为探讨深度融合的方式、方法，探索出一条科学高效的途径，可使翻转课堂内容更加充实，学生的学习效果更为显著。

3. 真实的教学情境帮助学生重组认知结构

在教育界有一个"鱼牛传说"广为流传，大意是：鱼和青蛙住在一个小池塘里，听说外面的世界很精彩，互为好朋友的它们都想出去看看。鱼由于自己不能离开水，只好让青蛙独自出去。当青蛙回来后，鱼迫不及待地向它询问外面的世界是什么样子。青蛙告诉鱼说，外面有很多新奇有趣的东西。比如说牛这种东西，真是一种很奇怪的动物，它的身体很大，头上长着两个犄角，有四条粗壮的腿，有大大的乳房，吃青草为生……鱼惊叫道："哇，好奇怪哟！"这时它的脑海里立刻勾画出"牛"的形象：一个大大的鱼身子，头上长着两个犄角，有四支像鱼翼一样的小短腿，嘴里吃着青草……

这个故事形象地说明了建构主义学习理论的一个观点——理解依赖于个人经验，知识是个体与外部环境交互作用的结果，人对知识正误的判断有一定的相对性，知识是不能完全通过教师的讲授而传递。要想让学生学到真正的知识，必须创设真实的情境，让学生在真实的情境中自主探究，以实现个人的知识体系建构。

翻转课堂模式以学生自主学习为中心，教师通过信息技术创设学习情境，强化体验性、实践性学习，并指导和促进学生主动探索、发现知识，以完成对知识体系积极主动的建构。课下，学生利用网络学习平台，通过观看微视频等方式完成课程内容的学习，通过暂停、回放、寻求教师帮助及与同学在线讨论等方式积极主动地完成对知识的理解和建构；课上，教师通过利用各种教育教学资源创设真实教学情境，提出与现实生活有紧密关联度的问题。学生在相互讨论、共同协作的过程中，增强了知识的运用能力和迁移能力，通过重组自己的认知结构最终完成知识的内化。

4. 翻转课堂的有效性提升学生的自我效能感

翻转课堂的核心内容是如何利用概念、知识点来解决问题，这对于那些课上能理解，课后却不会在练习中运用的学生来说意义非常重大，通过学生在课上反馈问题，教师更准确地把握学生学习的盲点、难点，并因此给出有针对性的、有"一点就透"效果的指导。翻转课堂提升了学生的自我效能感，也提升了课堂效率，不同层次学生的需求都能得到满足。绝大多数进行翻转课堂实践的教师认为，与传统课堂相比，翻转课堂上学生学习情绪更积极、学习效果更好，在合作、沟通、表达、创新方面表现得更好。过去几年中，国内外中小学在翻转课堂上的实践和取得的成果，充分证明了翻转课堂教学模式的开拓性与有效性。

二、翻转课堂对传统教学模式的突破

（一）翻转课堂与传统课堂的根本区别

1. 翻转课堂使教学程序和方法"大翻转"

翻转课堂本身就是利用互联网技术对传统课堂教学在教学过程、教学方法上的翻转。传统课堂教学，教师通过在课堂上讲解新知识、向学生布置课堂练习和课后作业，使学生实现知识内化。而翻转课堂采用的是完全相反的过程，知识学习由学生课下自学完成，学科教师在课堂上辅导、引导、协助学生进行知识的内化，师生角色定位发生了颠覆性的改变，教学时间的安排及教学流程实现彻底翻转（见表1）。

表1　翻转课堂与传统课堂的主要区别表

项目	翻转课堂		传统课堂	
	教师	学生	教师	学生
家庭作业	为学生布置学习内容	回家进行新课学习，提出问题	为学生布置复习内容	完成作业
课堂教学	回答学生提出的问题，组织小组学习	与教师和同学进行讨论、形成新见解	教师讲授新内容，少量提问	学生听讲新内容，少部分学生回答提问
实践教学	组织实验、调查研究、社区活动	动手实验、主动研究和解决问题	组织听讲座、参观学习	学生按教师安排参与相关活动
教学评价	进行性、生成性、价值性评价	学生成长	纸质考试、学生成绩	对教师问卷打分
学生评价	闭卷、开卷考试，实验实践能力，核心素质测评，道德品质评价		考试成绩、道德品质	

2.翻转课堂使学生知识吸收与内化更高效

翻转课堂，是通过颠倒知识传授和知识内化，来改变传统教学中的教师与学生角色并对课堂时间的使用进行重新规划的新型教学模式。乔纳森·伯格曼认为，翻转课堂的本质是"草根式"的自下而上的变革。翻转课堂从形式到内容都进行了180度翻转。

传统课堂学生的学习过程由两个阶段组成：第一个阶段是知识传递，即通过教师向学生讲授、互动来实现的；第二个阶段是学生课后的吸收内化，是在课后学生通过完成作业实现的。在最关键的吸收内化阶段，由于缺少教师的支持和同伴的帮助，学生常常会因问题得不到解决感到沮丧、挫败，失去学习的积极性和成就感。翻转课堂对学生的学习过程进行了重构。知识传递是学生在课前进行的，教师不仅提供了教学视频，还可以进行在线辅导；吸收内化是在课堂上通过师生之间、同学之间的互动来完成的，教师能够在线上提前了解学生的学习困难，在课堂上给予有效的辅导、讲解，同学之间用他们彼此容易接受的语言方式相互交流，更有助于促进学生知识的吸收内化。

3. 学生的自主学习和自行检测双向推进

教师为学生提供的教学视频都只有几分钟或十几分钟。每一个视频内容都对应一个特定的知识点，有较强的针对性，查找起来也方便快捷；视频的长度控制在学生注意力能比较集中的时间范围内，符合中小学生身心发展的特征；由于教学视频具有暂停、回放等多种功能，学生可以按自己的需要进行控制，有利于学生通过自主学习把知识点理解透，激发学生提出新问题。

至于学生通过自学是否理解、掌握了学习内容，通常教师会在视频后面给出两三个小问题，帮助学生及时检测自己的学习效果，并对自己的学习是否深入作出判断。学生如果发现有问题回答不出来，可以回过头来再看书、看视频，仔细分析是哪些方面出了问题。教师也能够及时地通过云平台对学生的学习情况进行汇总、分析。视频教学的检测功能发挥得好，非常利于学生复习、巩固所学知识，针对自己的思考提出新问题供课上与教师和同学研究、探讨，促进理论知识的理解和消化。

（二）翻转课堂要求教师扩展教学空间

随着社会的多元化发展，青少年学生思维能力比以往更早地得到强化，几乎每个学生都成了"小人精"，传统教育模式不适应现代化的人才培养需要，主要是因为过分的严管、严训使学生探究知识的好奇心被扼杀了，学生成为学习的被动者。而在翻转课堂里，学生是学习的主体，是学习的真正主人，和同学一起研究学习中的问题，教师成为学生思想的引导者、学习的促进者，不再是知识的权威者与拥有者，不再使学生感到畏惧，而成为学生学习的合作者后，双方沟通交流更加顺畅，利于解决学生学习中的困惑和难题。

1. 目标、层次明确，教学视频面向每个学生

翻转课堂教学的主要特点是，教师要立足于学生的学习情况，细化教学目标，做到层次清晰、目标明确。教学视频除了包括知识点及内容的贯通，对于实验课也需要让学生在课下观看演示视频，初步熟悉实验流程和具体操作方法。教师准备的教学视频应该具备"短小精悍"的特点，可以借助"微课"这一形式，促进翻转课堂的实施和运用。微课的制作应全面把握教材的重点、难点，并立足于学生实际情况，内容方面要做到精短、活泼，激发学生的学习兴趣，还要通过一系列微课视频的制作细化目标内容，进行合理准确的教学演示，使学生真正对所学内容理解透彻、深度掌握，并能够灵活运用所学知识解决问题。这样能使每个学生都得到锻炼，即使请假缺席的学生也可以自主地观看教学视频，跟上学习的节奏。

教师对视频内容的随时查阅和修正，能够真正使教学面向全体学生。为了加强教师和学生之间的互动性，提高课堂教学效率，教师可以根据学生学习方法与知识掌握情况的不同，设计录制不同的视频，将学生的学习能力进行划分，为不同层次的学生录制难易程度不同的教学视频，确保让每个层次的学生都能有效地进行自主学习。

2. 以问题和结果为导向，开展小组合作学习

翻转课堂强调教学过程动态化，重点体现在教师与学生之间、同学之间的交流、探讨上，并因思维碰撞产生认知上的突破，同时为教学信息的反馈建立有效途径。小组合作学习是促进翻转课堂提高教学效率的有效方式。教师在对学生课下学习进行答疑解惑后，要给学生提供充足的思考时间，使学生消化、内化重点和难点问题，并鼓励学生热烈讨论，大胆探究。教师在抛出精心设计的问题后，组织学生分小组展开讨论，一些认知上的问题在讨论过程中也就被解决，但当学生的疑惑通过讨论难以解决的时候，教师就要给予适时指导。

翻转课堂教学的主动权掌握在学生手中，教师作为课堂的组织者应该发挥好协调统筹的作用。学生课上的小组合作不只是课堂组织形式的变化，还要通过这种方式进行学习内容和过程的深入化。同学之间的交流相较于与教师的交流更自由，他们可以无所顾忌地各抒己见。小组合作学习模式翻转了师生之间的角色，能够有效发挥学生的积极性和主动性。因此，小组合作学习在翻转课堂教学中的应用越来越广泛，实现了教师直接指导和建议式学习的良好效果。

3. 教师组织开展"天才一小时"活动

乔纳森·伯尔曼在《翻转课堂与深度学习》一书中写道："翻转课堂的教师所采用的最令人激动的一个方法就是天才一小时。"

"天才一小时"（Genius Hour）这个概念起源于谷歌。为了鼓励员工大胆创新，谷歌公司允许员工每周拿出 20% 的时间策划、实施正常工作以外自己感兴趣的项目，这 20% 的时间被称为"天才一小时"。谷歌的许多标志性项目，都是技术开发工程师在"天才一小时"中创造出来的。后来，这个概念被很多学校运用到教学活动中。

当把这种方法应用于课堂时，教师将课堂时间的一部分从翻转教学转移到富有激情的项目上。具体的方法是：翻转课堂的教师每周有 5 节课，其中每周有 4 天教学时间要使用翻转教学方法，再让学生将每周一天的时间用于激情项目。学生在"天才一小时"的特定时段停止课程学习而进行创意项目设计，学生设计汽车、制作磁流体、设计燃料电池、创作原创音乐、写短篇小说、研究人类大脑等，这使学生的好奇心和学习兴趣大为提高。如果能把"天才一小时"时学生提出的项目与教学内容相结合，就能使教学内容更深入，更能激发学生学习研究的潜力。

如果让更多同学、教师、家长或者社会人士看到学生设计研究项目的成果，与更多的人进行分享，可以增强学生学习的自信心，在这方面有些学校帮助学生利用互联网进行成果发布，有的项目还被相关企业购买使用，学生的成就感就转化成了更大的学习内驱力。

4. 教师设计家庭实验项目，开展家校联动

马克·帕特里西奥是美国奥罗拉大烟山高中的一位获过奖的科学学科教师，他善于为学生设计家庭小实验，学生可以使用简单的家用设备在家做实验。这种做法的起心动念是，一个人意识到必须将某种方法教给他人时，学习的兴趣就会变得非常浓厚。

学生进行家庭实验后，会将实验过程和结果解释给家长听。这不仅有助于学生获取丰富的实验经验，还能让家长参与到孩子的教育之中。后来，马克老师收到了一些家长寄给他的感谢信，其中大部分来自他布置了家庭实验作业的学生的家长，而那些布置了其他作业的学生的家长较少有信息反馈。这说明家庭实验容易使家长关注孩子的成长。

有一位教师为学生设计了这样一项作业：询问父母孩童时代最流行的发型是什么样的，这种发型是否得到长辈的认可，并说

明原因。教师设计这个作业是为了让学生写一篇比较和对比父母观念变化的文章，并做成视频拿到课上与同学讨论。这个设计的起心动念是，学生需要看到在校学习内容是如何应用于日常生活中的，将生活的不同方面结合到学习内容中鼓励学生努力学习的作用非常大。

这样的作业属于布卢姆教育目标分类法的应用，但确实对大部分学生来说都起到了家校联动的作用。

5. 对学生进行多维度学习效果评价

传统课堂的教学评价采用纸质测验的方式进行，也就是以纸质测验的结果，即分数来判定教学效果和知识点掌握情况，这种方法忽视了对学生综合能力的评价，没有使评价结果促进学生的全面发展。翻转课堂开展多维度、多角度的教学评价，学生考试、测试只是一个方面，还包括对学生的各方面予以综合性的评价。

（1）开展学生评价时，参与者多元化

翻转课堂教学模式注重协作、展示、应用和创新，评价主体包括学生自己、同学、家长、教师甚至由专家来进行共同评价。只要学生付出努力，总会在学业进步、思维能力等方面有所体现，被他人看到和认可。

学生自我评价和学生之间的相互评价不同于教师评价。学生自我评价的过程是对所学内容的复习回顾过程，可以促进成果反思，深化理解，内化知识，而同学之间的互相评价可以帮助学生及时捕捉自身不足，明确自己的思维盲区，使学习更具针对性。通过评价机制的"翻转"，学生获得实证性的自我认知信息，教师也能更深入地了解学生。

教师结合学生的学习能力客观科学地评价学生的学习情况，以激发学生的学习热情为前提，对学生进行鼓励性评价。同时，教师应打破常规，将学生整个学习阶段所取得的学习成果进行评

价，发现学生在学习中的努力与进步，并将传统的教师单一评语拓展为学生自评，以及学生之间的互相评价。这样，教师可以及时了解学生对自我学习情况的认识，了解学生互动学习中存在的问题与闪光点，并第一时间对学生的错误认知进行指正和修正。

（2）学生评价内容多元化

传统课堂教学模式重视结果性评价，多以期中、期末考试成绩作为对学生学习结果认定。翻转课堂教学模式中，利用信息工具将过程性评价和总结性评价相结合，不仅考察学生的考试成绩，更关注学生课下、课上的学习过程。

北京四中翻转课堂对学生评价采取的方法是：针对每一次的课下学习和课上表现进行评价并记录。课下阶段的评价内容包括学生对本节课程知识点的掌握程度、自学能力及学习态度；课上的评价内容包括学生对知识点的应用程度及各种能力，如同学间合作交流能力、口头表达能力、提出问题和解决问题的能力、自主探究能力、创新能力，还包括小组学习总结、写报告能力等。期中及期末考试，还会根据课程性质，通过课程考评或成果汇报的方式对学生的知识掌握、知识应用与迁移能力、协作表达能力等进行整体综合评价。

（3）教学评价方式多样化

北京四中翻转课堂的教学评价方式更关注学生学习过程、更关注学生自身的变化，采用个人评价与小组评价、班级评价相结合，定量评价与定性评价相结合的多样化评价方式。课下学生自主学习阶段，信息平台记录、统计学生观看视频的时间和观看次数等学习轨迹，并给出对学习态度的分析判断；网络平台对客观题进行自动批阅并在学科教师完成主观题批阅后，自动进行分数统计，以此判定学生课下学习对知识点的掌握程度。针对课上学习效果，学科教师设计课堂评价量表进行评价，内容包括提问、答问、合作、展示、检测、表达、创新与创意等方面的内容，评价量表根据课上阶段的学习活动的重要性不同赋予不同权重，由小组长对组员进行评价或由小组成员对照量表进行互评，同时教师则根据学生的表现给出评价。期中和期末的评价则采用结业测评或成果汇报的方式进行。如此全面、立体的评价，即从学习成绩的角度反映了学习效果，也让学生的学习态度、学习方法和能力的进步有所体现，更重要的是为教师给出及时的指导提供了依据。

（三）翻转课堂要求教师教学方法"出新彩"

翻转课堂对传统课堂是"大翻转"，教师的教学方法也必然要推陈出新，课上内容结束，给学生留了作业就了事的做法是万万行不通的。教师必须把心操到学生的课下或家里。

1.为学生课下学习做充分的准备

充分的课前准备是保证翻转课堂顺利进行的重要条件，这就需要教师能够把信息技术的相关知识做到烂熟于心，注重利用视频教学来丰富学生的学习途径。教师要利用软件以及丰富的教学知识来进行视频设计，为了使视频充满新鲜感，可以让不同的教师参与不同章节的视频拍摄，教师的教学风格各不相同，这就使得视频的内容和形式不同，从而吸引学生集中精力投入知识点的学习、理解和研究。教师还可以将自己讲授的课堂内容录成视频，利用一些软件进行剪辑，这就要求学科教师与信息技术教师进行广泛而具体的合作，学科教师也需要不断提升信息技术素质。

若学校有网络教学平台或者是共享其他学校的网络平台，可以平台上的学案、文本资料、试题、试卷在线组卷为基础，通过平台向学生发布课下学习任务，学生可按照教师的任务要求观看视频，完成关联测试题，自行检测观看学习的效果，为课上学习拓展广度和深度打下基础。

2. 激发学生学习兴趣→主动性→成就感

随着信息技术的迅猛发展，现代教学对于人才提出了更高层次的要求——对计算机网络的熟练运用以及对信息的采集能力。这种能力要在兴趣使然的基础上形成和强化，所以激发学生的学习兴趣、拓展学生的思维能力是翻转课堂不同于传统课堂的重要任务。教师在进行教学设计的过程中，视频语言和视频效果要做到美观、时尚，适合学生的年龄特点，使学生在学习的过程中增加学习兴趣。只要产生了浓厚的兴趣，学生就能够主动学习并克服所遇到的困难，而应对困难和挑战获得的成就感本身就是最好的激励。只有让学生在不断自我激励中实现学习能力和综合素质的快速提高，才能使学生成为真正的教学主体，达成翻转课堂的教学目标。

3. 教师课上精确引导，翻转课堂步入高潮

学生在课下学习时，与教师利用互联网进行交流与信息反馈后，教师通过进行必要的引导深化学生的学习，与学生进行虚拟环境的面对面交流，帮助学生走出对于学科内容理解的误区，所以在这一环节，教师精确的引导是翻转课堂的一个小高潮。

教师与学生在课下通过互联网接进行交流，属于初级阶段的浅层次交流，所以当课上与学生进行真实环境下面对面交流时，教师要进行更加精确的引导、辅导并解决难题。尤其对于自主学习能力不强的学生，在课下视频学习的效果不一定很好，这需要教师不断提升自己精确引导的能力，以使课堂面对面教学能够发挥更高的效能，帮助学生在极有限的现实学习空间和时间内更加深入地掌握学科内容。师生之间声情并茂、唇枪舌剑的交流，并辅以信息工具、机械工具进行内容呈现，才是翻转课堂教学的大高潮。

4. 网上交流，打造翻转课堂教学的升级版

在课上内容结束之后，学生可以通过互联网交流平台，与同学和教师分享自己的学科学习体会和心得，通过交流思想产生思维碰撞，对于同学科问题的解决就会产生出其不意的方式方法和解决思路。这种视频交流的方式还可以转化多种多样的交流。如学生根据自己的情况设计调查表，通过网络分享给其他同学，这个过程可以实现学生的学习能力和信息处理能力的双向提高。因此，将交流表达的主动权交给学生的教学方式是翻转课堂的"升级版"。并且在这个环节中，教师可以通过倾听学生的分享，对学生的认知以及学习状况更加了解，真正掌握了学生心理、思维能力，这对于教师日后进行更有针对性的教学有很大的帮助。青少年对于网络世界的求知欲很强，表达的观点往往天马行空，虽然有些想法看似不着边际，但教师也应该进行积极的鼓励，对涉及人生观、价值观的问题进行明确的指引，这样不仅使学生乐于接受，还加深了他们对教师的好感度。切忌用横加指现的方法对待学生，一旦形成逆反，也就失去了翻转课堂同时发挥教学、教育功能的作用。

三、以北京四中为代表的国内翻转课堂教学经验

国家教育咨询委员会委员陶西平认为，信息技术使得人们随时可以在云端调取自己需要的知识，储存知识已经不是学习的主要目的。在这种背景下，让学生掌握获取知识的方法，培养学生发现问题、积极探究、寻求解决问题途径的创新精神和创新能力，才是最重要的教学目标。翻转课堂使"课堂"这一教学主阵地的功能发生了改变，即不是主要用来被动接受知识，而是促进学生对知识的内化和应用。课堂不再是预设的过程，而是生成的过程。

（一）北京四中翻转课堂，实现"互联网+"规模化教学

在翻转课堂这个名词还未出现之前，北京四中网校教研院就开展了基于优质教育资源和网络平台建设的新型教学模式的探索研究。从最初的"学案导学班"，到第二阶段的"龙门爱学课堂"，都秉持着"以学生为中心，充分发挥学生主体性"的教学理念，倡导教师借助互联网教学平台开展课下任务引领式自主学习；课上通过小组合作解决自主学习过程中产生的问题，创造更多机会加强学生知识应用能力培养。这些通过互联网技术激发出来的教学模式探索与国外后来提出的翻转课堂的理念不谋而合。

1. "三翻二段十环节"在千所中学落地开花

在翻转课堂概念出现之后，教研院的教师对其理论及应用案例进行了深入的研究，结合之前的网络教学的实践经验，先后推出基于四中网校在线教学平台的翻转课堂操作模式："三翻二段十环节"，而后在全国多所学校中迅速传播和发展。

2. "三翻二段十环节"的具体内容

（1）三"翻"

将以"教师为中心"翻转为"以学生为中心"；将"课上传递知识，课后吸收内化"翻转为"课前传递知识，课上吸收内化"；将"教师是演员，学生是观众"翻转为"教师是导演，学生是主演"。

（2）二"段"

课前一段；课上一段。

（3）十"环节"

课下六环节：一次备课、发布任务、自主学习、反馈交流、获取学情、二次备课。课上四环节：展示交流、合作释疑、检测

提升、总结评价。

3."学案导学"引领翻转课堂的教学评价

北京四中网校研究院开发的"学案导学"项目，通过测试考查学生对知识点掌握的程度，制定不同的学习方案。这同时也实现了真正的分层次教学、个性化教学。网校每周会给学生打印一份学案，告诉学生下一周所要学习的内容，并引导学生在课下进行自学。学案导学包括预习及检测两个过程，对检测出的错题，计算机系统还会推送相关的知识点和试题，让学生再次进行知识点巩固。课堂上，教师会根据计算机记录存储的学生学习过程中遇到的问题，组织学生们相互讨论，解决问题。

北京四中的"三翻二段十环节"和"学案导学"等特色项目，实现了翻转课堂教学体系化、规范化，也为合作学校给出了"复制"的框架。这一点有些像连锁店经营，初创时打造了固定的模式和规范就使加盟变得容易，北京四中的翻转课堂全国已有一千多所合作学校，可见体系化、规范化的实现，这种运营模式功不可没。

（二）翻转课堂结硕果——北京市第五十六中学大幅提高升学率

北京五十六中学教学改革取得的惊人效果，一本、二本、三本高考上线率普遍增长，尤其是三本以上上线率同比增长64.4%，成为全国中学教改的典型学校。①

北京市第五十六中学（以下简称"五十六中)始建于1955年，改革开放初期曾经取得耀眼的教学成绩，其后十年，发展水平没有跟上北京名校的步伐。翻转课堂在中国兴起以后，学校管理层决心下大力气进行教学改革。2013年9月，五十六中与北

---

①李勇：《轻松掌握翻转课堂》，北京：清华大学出版社，2018：30。

京四中网校正式合作，开办两个实验班进行"翻转课堂"试点，通过一年多的教学实践，两个实验班成绩明显高于普通班成绩。

1. 校风校纪"旧貌换新颜"

2014年，五十六中在北京四中网校教研院帮助下不断完善改进，一起推出"目标引领下的翻转课堂"方案。2015年，翻转课堂教学模式在五十六中的初一和高一年级所有班级、所有学科全面推广实行。经过近两年的教学改革，五十六中不管是升学率还是校风校纪，统统"旧貌换新颜"，在全国产生广泛影响，中央电视台、《中国教师报》等媒体对其进行了大量的报道，全国累计有近500所学校的教师来五十六中观摩、学习。

2. 一本、二本、三本上线率大幅提升

2016年高考，第一批翻转课堂实验班的学生给出了满意的答卷。在生源相同的前提下，实验班学生一本上线率同比增长14.7%，二本以上的上线率同比增长21.1%，三本以上的上线率同比增长64.4%。语、数、外、理、化五个科目整体成绩均高于普通班，数学成绩，实验班比普通班高37.6%。可以说，经过几年的翻转课程改革，五十六中从一所生源差、师资薄弱的北京市西城区"垫底"学校，转变成一所推进信息化课改的模范学校，在全国各地的中学中树立起新形象。

校长王旭明在谈到教学改革时坦言，翻转课堂确实给传统教学带来了根本性改变。过去，教师完全凭多年的知识积累进行教学，具有较强的主观性；现在，学生通过课下自学将不清楚的知识点告诉老师，老师课上的指导具有很强的针对性，学生进步很大。过去，教师教学基本都是一言堂；现在学生真正参与到了课堂教学中来。过去，学生的学习情况只能通过作业、测验反馈，相对滞后；现在，学生的学习情况教师可通过线上沟通、当面指导，及时准确地为学生答疑解惑。翻转课堂这种新型的教学形

式，能够促进学生主动学习，学生的内动力明显加强了。

3. 翻转课堂推进教育均衡化、公平化

教育资源均衡化、公平化，几乎是一个老生常谈的话题。但是，如何实现教育资源的均衡化、公平化，却是传统教育方式很难向前推进的问题。北京四中网校和五十六中的合作给出了一个鼓舞人心的答案。五十六中翻转课堂教学不仅完全依托北京四中网校平台，而且学生可以自由使用北京四中网校提供的教育资源、学习资源。与此同时，北京四中网校还对五十六中教师进行翻转课堂教学的全员培训，教师还可以通过互联网与北京四中的教师一起进行网络备课。真正实现了教育资源的均衡化和优势共享。

王旭明校长在谈到这一点时说："互联网、信息技术逐步与课堂教学融为一体最鲜明的特点是，教师备课已经不再仅仅依靠参考书，而是通过互联网寻找最优教学资源。我校建立的校园平台、学习平台，学生通过共享数字学校、北京四中网校等在线学习资源，自主学习的能力大幅提升，这是传统教学方式无法做到的。这一点充分证明，教育教学手段的与时俱进，有利于人才培养目标的实现。"

（三）洛阳市实验中学网校合作成效显著

北京四中的翻转课堂虽然实现了体系化、规范化，便于与更多的学校信息共享，但并不意味着合作学校可以教条式地照般，网校合作方式也需要本地化，这就如同中国的肯德基卖油条，经营要适合所在地区人们的生活习惯和风土人情。

1. 依托北京四中网校翻转课堂走捷径

洛阳市实验中学依托北京四中网校教学资源和网络教学平台，结合本校客观条件、生源情况探索出"主体共生式"翻转课堂教学方案。具体操作方法是：课前一两天教师将学生学习任务单和教学资源，包括导学案、微课、参考网址、PPT等推送给学生，学生在家利用教师提供的学习资源，参照学习任务单，完成对学科新知识的学习，同时将学习成果和遇到的问题通过网络平台反馈给教师，课上教师根据学生反馈的信息，有的放矢地组织科学实验和小组讨论，教师在教室通过与各组进行交流沟通，引导学生探讨更广泛、更深入的学习内容并为需要帮助的学生提供个性化咨询和指导，学生学习效果得到进一步强化。

2. 认真细致的宣传推广为翻转课堂创设条件

任何新事物都需要有一个被公众接受的过程，翻转课堂的推广也需要做好宣传工作。组织全体教师利用暑假参加北京大学王琼教授在网上推送的公开课《翻转课堂教学法》，教师通过认真学习，积极讨论，从教学理念、教学方法上理解了翻转课堂。随后利用军事夏令营的时间，请来北京四中网校教师对初一全体师生进行翻转课堂的体验式培训。教师和学生对翻转课堂的认识提高了，开展起来就很容易。但是，理顺家长的思想意识也不能忽视。

学校通过召开家长会的方式，将教师团队、班级各任课教师、治班理念、学生该如何进行课下学习等向家长进行了介绍。特别强调家长要在孩子面前树立每位任课教师的威信，因为家长尊重教师，孩子才会尊重教师，也有利于学生的健康成长。同时对翻转课堂的安排、对家长的要求以及如何做好家校配合、平台操作等问题对家长进行了培训。

通过宣传推广活动，学生和家长都明确了认识，为翻转课堂的实施创造了条件，也为翻转课堂教学促进学生学业提高发挥了应有的作用。

3. "主体共生式"释放学生潜能

"主体共生式"翻转课堂教学方案充分尊重了每一个学生的成长。同时，学生来到课堂上时，教师有更充足的时间参与学习小组的讨论，给予面对面的针对性启发和辅导，这种建立在学生掌握知识点基础上的讨论和小组活动更能激发学生参与学习过程共建的活力。

洛阳市教育局的一位领导在观摩翻转课堂公开课后说："衡量教师是否优秀，关键在于是否能够调动学生学习的积极性和主动性，这节课教师对学生进行启发、引导、辅导，学生分别自讲自评后进行互学互评，学生的潜能得到充分的释放，我把掌声送给课堂上的孩子们。"

（四）重庆市聚奎中学：百年老校"翻"出新风采

重庆市聚奎中学是重庆市重点中学，创建于 1870 年（清同治九年），当时的名字叫"聚奎义塾"，到 2019 年已经有 149 年的历史。这所名副其实的"百年老校"进入 21 世纪不仅没有显出跨越三个世纪的老态，而且前进的脚步非常之快。2011 年搭建了视频和网络学习管理平台，2014 年在高中随机选取了两个实验班级，在语文、数学、英语、物理、化学、政治、历史、地理 8 个学科中进行了翻转课堂实践，经过几年的实践总结出了"三翻转、四步聚、五环节、六优势"的翻转课堂经验。

1. 翻转课堂实现"三项大翻转"

（1）教育理念翻转

学校教学模式从以教师为中心翻转为以学生为中心，从强调知识的传授翻转为强调学生的发展。教师从简单的"教"教科书翻转为教科书的开发利用，从注重学习结果翻转为注重学习过程，教师从"以教定学"翻转为"以学定教"。以系列翻转带动了课程改革的快速推进。

（2）教与学的方式翻转

教师教学方式从"独唱"翻转为师生"合唱"。学生课上学习翻转为课下学习，学生课后练习翻转为课上练习，学生从单兵作战翻转为互助共进。

（3）学生评价方法翻转

学生评价从单一考试成绩翻转为学习过程表现、电脑操作能力、网络学习能力、自主学习能力的多元化评价。

2. 课下四环节，学生自主学习见成效

（1）设计导学案

教师在深入研究教材内容和学生知识基础的情况下，以备课组为单位集休制作导学案。主备教师在本学科集体备课前准备好下星期的导学案和PPT；下星期在集体备课会上与学科其他教师共同分析、研讨、优化导学案和PPT；学案的最后定稿由主备教师和备课组长签字后交由印制部印刷，PPT和学案电子版交给教学管理中心备案。定稿的学案需提前一天下发给学生。

（2）创建教学视频

教师深入研究教材内容和课程标准，明确教学目标以及视频最终要呈现的内容，收集优质资源后创建视频。在设计制作的过程中充分考虑学生个体差异性，尽量适应不同学生的学习方法和习惯；对教学视频的时长要求，原则上不超过15分钟。

（3）学生自主学习

学生在独立温习教材的基础上，从网络平台下载教师的教学视频和导学案后开始课下学习；学习结束后登录学校的网络平台完成自测题，并对照答案评分。对有疑惑的问题，采用小组内互助的方式来解决；组内不能解决的由组长记录后交给科代表，科代表整理好后上传至服务器。

（4）制订针对性辅导计划

教师通过软件平台及时了解学生的学习情况，调整课堂教学进度、难度，制订个别辅导计划，增强课上教学的针对性。

3. 课上五步骤，深化课上教学

（1）合作探究

学习小组内未能解决的疑难问题，课上先由组间互助合作解决，最终没有解决的由教师解决。

（2）释疑拓展

大多数学生都存在的问题，教师要认真分析原因后进行详细讲授，根据学生掌握知识点的实际情况，教师进行适度延伸和拓展。

（3）练习巩固

课上学生完成平台上或其他资料上的相关练习，巩固所学知识。教师启发学生提出相关知识应用计划，课下跟踪实施、落实情况

（4）自主纠错

对自己做错的题，学生通过观看答案详解或教师的习题评析视频进行对比评测，发现错误先自主纠错。解决不了的向教师寻求帮助。

（5）反思总结

学生对本节课内容进行知识归纳或方法梳理，教师对下节课

学生进行课下学习的内容做出安排。

4. 六大优势，展现突出课改成果

（1）"少讲""多学"，合作共赢

传统课堂40分钟的讲解被学科教师浓缩为15分钟，教师少讲、精讲，节约群体授课平均化教学的时间，学生就有了大量的自主学习时间。"合作"包括师生合作、同学合作、师师合作，"共赢"是指教师的职业发展和学生的全面成长齐头并进。

（2）一对一的贴心辅导

由于教师的角色已经从内容的呈现者转变为学生的学习教练，教师有时间与学生对学习内容进行更为有针对性的交谈，及时回答学生的问题，参与到学习小组中，对每个学生遇到的困难进行个别指导。

（3）实时掌握学情

教师在备课时已经将一部分练习题上传至服务器，学生在课下自学微课完成后，马上在线完成相关练习题，平台会对填空题、选择题及时给出评价。学生根据习题结果反馈决定是否再次学习本课内容，将自身理解上的错误及时进行纠正。教师登录教学平台后立即知道这名学生对本节课知识的掌握情况，以及全班学生的整体学习情况，进而调整教学进度、难度，制订个别指导、辅导计划。

（4）培优补差

传统方法教学明显存在优等生"吃不饱"、后进生"吃不了"的问题。现在，翻转课堂可以克服这种教学弊端。学生课下自学时视频内容看不懂可以反复看，看得懂的可以加速看，还可以想看则看，不想看也可随时暂停，且有更充裕的时间做笔记。学生如因特殊原因请假缺课，也不必担心落下课业。由于教学内容已经存档，期末复习时，学生如要补漏，只需轻轻一点鼠标内容即可重现。

无论是学生之间还是学生本身存在的一定的学科差异，有自身优势的学科，可以加快学习进度，做该科的"排头兵"，而不必像传统课堂那样陪着大家一起走，教师在教学视频制作时有一定预置期，这样能更好地使有学科优势的学生加快学习进度。

（5）丰富内容，拓宽学生视野

学生充分利用学校的网络平台学习，丰富的课程资源，也拓宽了学生的知识面，对于学科知识的学懂弄通和跨学科学习提供了资源优势。

（6）为教师减负

同一教研组内的教师不再重复备课，无论是课下练习题还是课上的试卷，选择、判断和填空题直接由平台完成批改和统计反馈，为教师减少了工作量，也节约了大量的时间。教师有充裕的时间去进行学科学习、研究，非常利于教师专业成长和综合能力的提高。

重庆市聚奎中学翻转课堂实践表明，通过丰富课程资源和个性化的学习活动，激发了大部分学生强烈的学习愿望，学校的办学水平大幅度提高。通过陕西师范大学、华南师范大学、西南大学等高校在该校实施的调研结果发现：翻转课堂减轻了学生的学习负担，提升了学生的学习水平和成绩。通过近4年高考成绩对比印证了这一结果，该校翻转课堂班级与同年非翻转班横向对比，2018年高考一本、二本升学率高出20%以上；与往年翻转班进行纵向对比，一本、二本升学率高出15%以上。

非常值得称道的是，翻转课堂得到了家长的积极支持，越来越多的家长希望子女能进入翻转班或通过智能终端进行学习。2018年7月10日,《重庆日报》在《重庆市聚奎中学"三大特色"书写教育答卷》一文中详细报道翻转课堂教学开展情况。还用图文并茂的方式介绍了一个重大事件:该校教师应邀前往哈佛大学参加"哈佛大学中国教育论坛年会",将学校的"翻转课堂"带上了哈佛大学的讲坛,与国内外知名学者分享翻转课堂的创新理念与实践成果。

重庆市聚奎中学领导认为翻转课堂虽然取得了一些成效,但不能固步自封,应该加强校校合作、校企合作,为学生创造更多的学习机会,以满足社会、家庭对教育与时俱进的多种需求。

第四章

高素质人才培养的教学组织方式——道尔顿教育计划

全球著名的道尔顿教育计划，来自于美国教育实验家海伦·帕克赫斯特于1919年创建的道尔顿学校。该学校曾连续30多年创造全部学生被哈佛、耶鲁等名校录取的奇迹，学生所具备的创造力、想象力等优秀品质，深受美国社会的欢迎和学生家长的称赞。走过100年的漫长岁月，道尔顿教育计划在全球产生了巨大影响力。

道尔顿教育计划是一种培养高素质人才的行之有效的教学组织方式，也称道尔顿制。道尔顿教育计划的创始人海伦·帕克赫斯特为美国学校所写的《道尔顿教育计划》一书，是一本浓缩道尔顿教育计划教学理念、教育机制的精髓之作。笔者认为，书中所倡导的教育理念和教学组织方式对中国基础教育改革具有借鉴作用，近年来也有诸多专家学者对比进行了相关研究，一些学校进行了本土化应用。

一、道尔顿教育计划的起源及对教学改革的意义

道尔顿教育计划其中的奥秘就在于，具有突破性的教育模式——适合学生成长的教育理念、教学方法能够释放学生的内在潜能，激发学生探究未知的心理动机。自 20 世纪 20 年代以来，被发达国家的许多中小学校所采用，成为人才培养现代化主要模式之一。

（一）道尔顿教育计划的起源及特点分析

教育实验家海伦·帕克赫斯特之所以能成功创建道尔顿学校，并将当时最前卫的教育计划付诸实施，一方面与当时西方社会教育变革的需要有关，另一个方面与帕克赫斯特的从教经历有关。正是外因与内因的双重作用诞生了道尔顿教育计划，也正是由于帕克赫斯特顺应了时代要求，教育发展新模式的诞生选择了她，而不是别人。

1. 道尔顿教育计划来自一线教师的教学实践

帕克赫斯特大学毕业后在一所农村小学执教。这所学校有40 名学生，分别属于 8 个年级，受条件限制所有学生要在一间

教室上课，她必须制订出一个年级学生上课时，其他 7 个年级学生也有事可做的教学计划。当时帕克赫斯特费尽心机所做的教学计划在应用的过程中获得成功，受到家长和社区居民的称赞，要求入学的学生越来越多。学生既守纪律又乐于学习，学校所在地的政府部门也给予了充分的认可和肯定。

道尔顿教育计划废除了课堂教学，也废除了统一的课程表和年级制。无可否认，这些与帕克赫斯特大学毕业后，一个人在一个班里教 8 个年级学生的经历有关。她本人在这种看起来有些"勉为其难"的境况中，发现了不同年龄、不同年级的学生互助共进的奥秘。经过后来的教学研究，将她的这种不得已而为之的办学模式进行系统性开发，建立起让孩子乐学、喜学、快速成长的教学机制。

2. 在西方新教育运动中"道尔顿学校"新鲜出炉

道尔顿教育计划的产生，与 19 世纪后期开始的新教育运动密切相关。当时的教育专家从多方面抨击传统教育的体制、内容、方法及教育理论存在的各种弊端，致力于建立符合社会发展需要的新型教育体系。同时，帕克赫斯特受杜威"以儿童为中心"的教育思想、蒙台梭利的自由教育思想影响，又曾长期供职于中学和专业培训学校，在教育第一线工作了 18 年。在实际工作中，她亲身体会到当时的美国教育脱离社会需要、不顾学生成长需要这两点在人才培养方面的危害，立志为改变教育体制而努力。

帕克赫斯特在教育实践中，从教育观念、教学模式、师生关系等多个方面进行变革。1919 年，在马萨诸塞州的道尔顿中学进行了实验。同年，于纽约创办私立"儿童大学"，推行"实验室计划"，后来把此校改名为"道尔顿制学校"。随着"实验室计划"的成功，帕克赫斯特又在家乡马萨诸塞州道尔顿镇的一所男女混合中学全面实施这一计划。由于改革教育教学计划得以在多地实施，帕克赫斯特的愿望在 1920 年 9 月得以实现，她的"实验室计划"被命名为"道尔顿实验室计划"，后来因为她撰写的《道尔顿教育计划》出版，人们将这种全新的教学模式称之为"道尔顿制"或"道尔顿教育计划"。

3. 道尔顿教育计划的核心内涵

道尔顿教育计划遵循的基本理念是学习上的自由与合作。我国道尔顿教育计划研究专家陈金芳博士说："所谓自由，主要是指让学生拥有尽可能多的自由时间和自由意志，让他们在教师的指导之下相对自由地支配学习时间、选择学习科目、选择适合他们个人的学习速度等，但这种自由并非放任自流，而是有组织有纪律前提下的自由，是给予学生一定程度的选择自由与发展自由，有利于培养学生的自信心、健全的社会人格及自由精神。"这段话很明确地分析了道尔顿教育计划自由学习的性质、意义和作用，为实践道尔顿教育计划的学校和教师明确了认识，指出了具体的路径。

道尔顿教育计划中的合作学习，具体的内涵是：没有年级、班级的限制，把各年级的学生放在一起，使他们彼此之间有直接交流合作的机会。陈金芳博士说："所谓合作，亦可称之为群体生活的互动，指培养学生良好的社会适应能力、善于与他人共处的能力。这里所说的合作，主要指学生之间的合作、学生和教师之间的合作。在这种合作关系中，学生之间互帮互学，在同伴互助的过程中探索和解决问题；教师与学生之间平等互动，学生是教与学的主体，教师是学生的助手和朋友，这种合作关系使教师和学生得以形成学习共同体，教学相长，师生均得以提升和发展。"

通过合作学习，学生从小就适应社会化的生活，长大了才能在复杂多变的社会环境中如鱼得水，使自己在专业和事业上得到较快的发展。在我们的现实生活中，很多学业优秀的青年才俊，到了社会上却摆不正位置，不是自己不适应社会环境就是被环境淘汰，这不能说不是教育的失败。相反，如果按照道尔顿教育计划中的合作学习方式培养学生，他们走到社会上以后，很好地使社会环境为己所用，从而得到较好的发展。众多学生得到很好很快的发展，也必然促进社会的发展。

4. 道尔顿教育计划对教学改革的现实意义

进入21世纪，我国教育改革强调学生在教育中的主体地位。但是在教学过程中真正实现学生的主体地位的进程却推进得非常缓慢。传统教学模式中的作业布置上缺少学科间融会贯通，教学不能突破固有条条框框，为不同水平的学生安排不同的学习任务，往往是"大水漫灌"似的一视同仁。道尔顿教育计划在这些方面具有实质性突破，教师的教学方法具有独特性，学生的学习具有很大的自由度。学生的学习按自己的兴趣爱好向前推进，有问题自己寻找参考资料或采取同学讨论、向教师询问的方式解决。但是，并不是完全没有计划的约束，学生需要在规定的时间范围内完成教师布置的任务。在这样类似我们所说的其乐融融的氛围中，特别利于培养学生独立学习的能力，发展其自身个性特质。

实施道尔顿教育计划的学校，学生学习的自由度很大，而实施传统教育模式的中小学校的学生却往往只能无奈地接受教师这样那样的要求，处于被动学习、被支配的地位。在大多数课堂上学生自由、合作学习的机会很少，合作学习效果也微不足道。在传统教育模式下的学生，不善于合作学习，学习好的学生往往总给人天马行空一般的傲慢，更加不善于交流和沟通。

目前来看，中国的教育改革到了给学生自由学习、提供优越的教学环境的关键点，为了使学生得到全面发展，需要学习发达国家优秀的教育模式和打造与之相配的教学环境。近年来，道尔顿学习计划得到教育界的重视，也有许多学校进行实验，如能将其根植土于我国的教育土壤，必将加快教育改革的步伐。

（二）道尔顿教育计划的原则及组织形式

学生文化特质的形成包括个人经验在内心的沉淀。简言之，个人经验就是学术能力的一个要素，中小学校要密切关注学生个人经验这一要素的形成。这就要求学校作为一个整体运行，像一个社区的有机整体那样有条不紊地运作各个系统。学校教育要是不能做到这一点，学生个性化特质、创新能力就得不到促进和发展。

1. 将学生的自身能量转移到自主学习上来

道尔顿教育计划的自由发展，不是我们通常理解的自由放纵，更不是无法无天。恰恰相反，想干什么就干什么的孩子并不是一个自由的孩子。因为，他容易成为不良习惯的奴隶，变得自私和偏执，很难适应社会生活，当一个人在社会上寸步难行的时候，就没有了任何自由可谈。

学生要成长为一个和谐的、负责任的人，愿意使自己为了大家的共同利益而与同伴合作，在此之前，他需要通过某些方式来释放自己的能量。道尔顿教育计划提供了这种方式，它把孩子的自身能量转移到以自身方式组织安排自己的学业上。这样做正是给予学生心智上和道德上的自由。从学生身体的角度来考虑，这种自由也能保证学生的身心健康。如果一个学生不能拥有真正的自由，走向社会规范的反面去，说明他自身的能量用错了地方——走向了失去自由。

2. 道尔顿教育计划简单明确的两项原则

针对道尔顿教育计划，几乎熟悉的人都知道有两条最重要的原则。

第一个原则是自由。从学术或者从文化的角度来看，当学生在学习任何吸引他的学科时，必须让他自由地继续他的学习而不被突然打断，因为当他感兴趣时，他就会头脑敏锐、思维更加活跃，更有能力征服在学习过程中可能产生的任何难题。这一点与成年人做事是一样的，比如作家的创作正在兴头上，突然有人在身边大喊大叫他的思路断了，灵感也会跑丢了，使创作无法进行。

学生在新的教学机制里学习，不会有铃声在指定的时间突然让他思路中断，按教学要求强加给他另一门课程和另一位教师。由于受到那样的对待，学生的能量、思考力就被浪费了。常规学校这种武断式转换与在生活中毫无道理地按固定时段开关一个电炉是一样不经济的。学校强行转移学生的课程学习绝对是事倍功半的浪费行为。学生在学校按照自己的速度来学习研究新知识，才能真正学会新知识并在这个过程中激发出新的想法。道尔顿教育计划所指的自由，就是让学生按照自己的时间安排学习行为，而学生按照别人的时间安排学习行为就是一种心灵束缚。

第二个原则是合作。道尔顿教育计划发明者帕克赫斯特将合作称之为"群体生活的互动"。她认为，约翰·杜威在《民主与教育》一书中满怀崇敬地定义了这一概念："民主教育的目的，不仅是使一个人成为他最近群体的一个聪明的参与者，还要把各种群体引入如此经常的互动中，以至于没有任何个人、任何经济集团能够独立于其他人而生活。"旧教育教学制度下，学生可以经常生活在群体之外，而且在中国的传统文化中，把优秀学生"不合群"的心灵孤傲而加以赞美，这完全是一种反向教育的行为。性格孤傲的学生离开学校进入更为广阔的社会领域时，他会带着这种性格缺陷从事工作，使自身的才能发挥受到限制。有些高考状元或名校毕业生因不能适应社会生活流落街头，还有的人走上犯罪道路，就是因为人格缺陷所致。

学生融入社会群体生活，不能只限于表面上的互相接触，而是要进行实实在在的合作和互动。社会经验是社会化生活的产物，学校的教育工作者或学生群体都去发展自己和别人之间的密切联系以及相互依赖的关系，才能使学生获得这种社会经验。

3. 道尔顿教育计划实施的组织形式

道尔顿教育计划不是一种教学法或制度，而是一种学校教育的组织形式。帕克赫斯特认为，这是一种"教"与"学"两个程序互相和谐的教育组织。在废除旧教育模式下头轻脚重的组织形式后，使学生享受更多的自由，享受一种更适合学习的环境，使每一个教师成为学科专家。更重要的是，使每个学生无论处于哪种学业层次，都可有取得进步的相同机会。

让学生按照自己的方法和时间安排学习功课。在学生学习过程中，教师扮演的是辅导者的角色。整个教与学的过程主要是以学生按自己的能力，去探求知识形成的过程。所以，学生的学习是自然的和自发的，就能培养他们的创新意识和自信心。学生在学校中对知识的探求，与他们未来的工作和社会生活具有一致性，才是教育的真谛。

二、道尔顿教育计划中"教"与"学"的双向突破

道尔顿教育计划颠覆传统的"教"与"学"的关系。教师的"教"是理解学生的成长，并充分给予学生个性发展的机会。学生的"学"不再是简单地学习理解知识，而是重视学习经验的积累。"经验"是最好的、也是唯一真正的教师。

学科教师和学生一起成长、进步，双方为创造更好的教学效果而努力。教师对每个学生的学习进程洞察入微，以签订学习合同约束学生的学习进程，并努力促成学生的学业进步。

（一）道尔顿教育计划的课程特色

1. 教师课程"加和"，学生学习"九九归一"

学科融合一直是素质教育所倡导的教学方法，但是，教师各自为政，融合就变成了可融、可不融的事。"我自己的教学任务完成就好，至于其他学科的事，那叫多一事不如少一事。"这是长期以来中小学教师最常有的心态，但是在道尔顿教育计划的体系中，教师之间的合作是制度化的，每位教师不仅要有本学科专家级的专业能力，还要尽最大努力去学习、了解相关学科。针对这个问题，《道尔顿教育计划》一书中有非常精彩的一段描述。

"艺术课程属于全校而不是只属于艺术教师，艺术教师只不过是代表全体教师负责这一门课。如果艺术课只在画室里上，只是在年度展览的时候才给大家看到，那它就是死的东西。它只有渗透到各个课程并为各个课程服务才能有生命力。要做到这一点，艺术教师不仅要让学生对艺术课感兴趣，还要让他的同事们都感兴趣。假设某一特殊学科有最大的价值，以此吸引学生对这一学科投入大量的学习时间，只会浪费时间。只有当教员们都认识到，他必须让自己的课程适合学校整体教学方案，使之满足大家的需要并且要让同事们把他们的课程与他的课程相互合作，才能取得良好效果。不要忘记，不是学生而是教师要对课程的修改负责、要对作业中各学科之间的相互联系负责。学生态度的转变和对教学的欣赏是教师们成功的标志。"书中的这段话很明确地讲解了各学科合作教学的重要性，而随后还举了一个教学实例来说明这个问题。在进行地理课教学时，把艺术课（西方专指美术课）、数学课叠加在一起进行，这就成了多学科融合效果鲜明的一次实践。

地理教师需一种特制的笔记本，让每个学生用这个本子记载地理课上教师留给学生的问题。制作这种本子的任务，就由艺术实验室的师生一起来动手完成。虽然制作这种笔记本并不是学生在艺术课学习上的规定项目，但制作精美的笔记本扩展了艺术课的学习内容，也得到了地理教师的赞赏，使学生感到非常高兴。

地理教师的教学从学生做"笔记本"这个项目切入后，由于学生们把笔记本做得漂亮得到教师的赞赏，使这一节课的教学在学生的心目中"变得灿烂起来"，艺术课成为地理课的一部分内容，使学生变得更加投入。

地理课上，在学生与教师讨论行星系统的话题时，数学教师根据话题内容演示代数和几何知识。随后，艺术课教师提示学生，可以去博物馆参观天体运行的模型展览。就这样，一堂地理课让数学、艺术教师，以见缝插针的方法，将自己的学科内容契合进去了。

2. 教学只要引入"美"，课堂就变得生机勃勃

道尔顿教育计划的一个重要观念是，"任何学习活动，只要引入了'美'，都变得生机勃勃"。艺术与音乐作为学生喜爱的、充满活力的课程，能大大激发学生学习兴趣，因此渗透到学生在各个实验室的学习之中。各学科教师也能充分认识到艺术课与音乐课的重要性，把等量的时间留给这两门课程，并时时渗透各种与之相关的学科教学。

而在应试教育模式中，许许多多的学校都把美术、音乐课当成了边缘学科，经常被"主科"挤掉课时，学生在美术、音乐课的成绩无论多么好，也不会得到主科成绩好的学生所受到的那种尊重。这说明长期以来，在整个教育体系内对教育的真谛、学生学习动力的认识都非常肤浅，研究部门所给予的关注也明显出现了缺失。美术、音乐、体育等类学科，是学生最感兴趣的学科，完全可以像道尔顿教育计划中这样，把它们作为引导其他课程的

纽带，并叠加进其他学科的教学，帮助学生在举一反三的过程中，实现由表及里的系统化、多维度的认知能力提升。

多学科的交差和融合，利于学生深刻的理解并体会知识的内涵，更有利于学生记忆、深化知识，而不是对知识进行生吞活剥或者死记硬背地硬学。因此，教师必须有能力驾驭各科目之间的内部联系，给学生设计复杂的课题，以此培养学生的发散性思维，从而开发学生的创造力。

3. 实验室应有尽有，学生真正做到在体验中生成新知识

道尔顿教育计划中最惊人的变革是以实验室代替传统的教室，学生可以在任何时候进入他们最感兴趣的实验室，在教师的帮助下与同学一起学习。实验室如同学科博物馆，从教材、教辅、实验设施和材料到辅助工具等应有尽有。

实验室的设置充分体现细化学科教育的特点，学生课程表中的每门课程都需要一个实验室，尽管在教师数量少的情况下，学生可以在一个实验室中学习两门课程。每个实验室由一门或者几门课程的专家教师负责指导学生的学习。这些实验室既是传统意义上的实验室，也是学生学习的教室，学生在这里可以自由地完成合同中所约定的学习内容。

通常意义上的"校图书馆"的藏书都分散到各实验室，确保每个学生任何时候都能拿到需要的书籍。书籍中有教材和大量的参考书，也有与教育教学有关的课外读物。最主要的特点是任何书籍都不会因为内容好、写得枯燥而没有趣味性。

主持实验室的教师必须是专家级教师，必须具备该门学科深厚而广博的知识基础，能够为每个年级的学生提供教学辅导。

4. 从牛顿定律的 11 个实验解读经验式学习过程

《道尔顿教育计划》一书中介绍了牛顿运动定律教学过程，教师与学生签订的 5 个合同，包括 3 个星期的学习过程。第一个

星期学生要做 4 个实验，解决教师提出的 6 个问题；第二个星期要做 4 个实验，解决教师提出的 10 个问题；第三个星期要做 3 个实验，解决教师提出的 7 个问题。三个星期的学习时间，学生要做 11 个实验，解决 23 个问题。合同约定学生每一个实验都要认真完成，每一个问题都要认真分析研究后给出答案，很显然学生必须做到理解深入、分析透彻。

这样的实验学习、以问题为导向的学习，应该引起教学管理者和教师的深思。现阶级中小学教改中一直强调"生成知识""情景式教学"学习，但是真的做到有的放矢、脚踏实地了吗？可能更多的情况还是做表面文章。仅就牛顿运动定律来说，通常是教师在前面给学生做两三个演示实验。然后就是讲解、做题。如果学生在听课时走神了，怎么能做到深入理解、印象深刻？常言道"实践出真知"，中小学教学应该回到这个最基本的认知概念上来。

5. 学生作业计划的三个等级，体现个性化学习

道尔顿教育计划创始人帕克赫斯特要求学科教师，要让作业真正成为学生课后延展知识的工具，让作业像一块磁石一样吸引学生去发现知识、探索知识。首先教师要有这样一个清楚的认识，即教师在布置作业时，他不是在为自己写教案，而是在提供一份生动完整的、供学生使用的学习计划，这份计划具有指导性和可操作性，最主要的目的是让学生知道"我要干什么""怎么做""最后是不是达到了要求"。

一份完美的作业计划，绝不是能对所有学生统一使用的，要求充分体现学生在智力水平、学业优势上的差异。通常情况下，教师至少应该将作业分为三个等级，即最少量的作业、中等量的作业、最大量的作业。

传统教学模式中教师布置作业的方法通常是，学习好的学生作业最少，资质平常的学生作业最多，或是不管什么阶段的学生

都布置一样的作业。道尔顿教育计划所采取的方法是，对资质平常的学生布置最少的作业，目的是为了不给他们施加太多的压力；任务量最大的作业给予了尖子生，从而使得每个学生都得以在智力上打好基础并有较大的发展空间。资质平常的学生从做最少的作业过渡到做最多的作业。这符合学生的身心发展规律，任何一个学生都得在打好基础后，再加快进步的幅度，从而使得资质平常的学生不再有自卑的心理，有助于基础知识学习做到扎实、牢固。而一旦基础知识掌握牢固了，学习得法了，进度也就自然而然地加快了。

6. 为学生在学校体验社会化生活创造条件

学生要想在学校生活得快乐，须自觉地作为一个社会成员从事各种活动。道尔顿实教育计划就包括为学生参加这样的活动创造条件。

为了使学生的行为举止符合社会规范，并被所在社区接受，学校实行的法规与成人社会所实行的法规应该具有一致性。要想使学校的法规得以有效实施，必须不能强加给学生身上，而是发挥约定俗成的感化作用。社区生活的价值在于为人们提供各种服务，这使组成社区的每个人都永远意识到，作为社区的一员应该是一个合作者，要自觉地适应社区的运营机制。

将社区式的运营机制纳入学校教育，学生和教师都不可以把自己孤立起来，也不可以逃避在活动中或别人遇到困难时应当承担的一份责任。如果每天早上教师把外套往衣架上一挂，个性也就随之挂在了那里。教师在校外时那些饶有趣味的性格魅力一扫而光，唯恐因显露原型而失去权威，这种两面性被认为是不可忍受的。道尔顿教育计划不需要标榜这种虚假的权威，认为这种标榜有压制性，不是教育本质上所追求的。它不能促进教育秩序，反而会引发无序和混乱。刻意标榜教师权威，会把对学生的教育带入歧途。

从学生的角度出发，他们将来要进入成年人社会，某种社会经验的准备需要在学校内完成。学生受制于专断的权威和压制个性的教育模式，不能形成和发展学生的社会意识。无论从科学角度来看，还是从社会角度考虑，旧教育制度都有致命的缺陷，容易导致学生性格扭曲。

（二）教学的总目标与"作业合同"的约束力

1. 关系倒置，把教育的成功归责于学生一方

传统教育观念把学校教育是否成功的责任都归到教育管理者和教师身上，道尔顿教育计划却恰恰相反，它认为教育的真正问题不在学校和教师一方，而是在学生一方，认为所有让教师烦恼的事情，都是因学生自身未解决问题造成的，如果学生自行解决学习问题、成长的困惑，教师就没有许多烦恼，出于这样有悖论性质的教育理念，教师就不会对学生实行万事具细的严管和压制。

在传统教育观念中，教师通常被定义为管理者和教学主导者，学生则是被管理者和教学被动接受者，对学生缺少人格上的尊重，非常容易形成教师与学生的对立关系。教师很难了解学生的真正想法，学生也很难从教师那里得到他们认定的真心实意的帮助。学生需要时时刻刻听从指挥，不敢越雷池一步。无可否认师生关系不和谐，非常不利于学生的成长和成才。不管是在学业方面还是行为能力方面，因为不能与教师在平等、尊重的基础上进行交流和沟通，压制了学生的天性。学生在受教育的过程中思维能力和发明创造能力形成了局限，这也是为什么几十年来我国的科学技术落后、核心技术受制于发达国家的重要原因之一。

由此可以看出，道尔顿教育计划所奉行的观念——尊重学生，把学生当成有自主行为能力的人，尊重他们的思想意识和行

为特点，让他们以主动的态度解决学习中遇到的问题，学生的教育就能在一种自动生成的轨道上向前推进并运行得更加高效。

2. 教师放手，让学生以小步快走的方式达成目标

道尔顿教育计划要求，每个学年开始，教师向学生摆明整整12个月的学习任务，学生自己能决定每月和每周要采取的步骤，以便能顺利走完全程，而不是在既不知道路线又不知道目标的情况下盲目乱窜。这种做法有一定的科学性，因为在学习的过程中，学生的自学能力和大局观念会逐渐培养起来，经过一段时间的自我强化才会走上正轨。

学生明确了自己一年内努力的目标和大方向，相当于教师给学生圈定了一个大框架，在这个框架里，每个学生都可以根据自己的学习习惯和学科优势，将学习内容自主切块，慢慢地进行消化。学生无论做出怎样的切割，对教师而言都无关紧要，重要的是最终要完成任务。如果教师总是害怕学生出错或担心他们缺乏自控能力不能管理好自己，以小步快走的方式强调小目标的达成，而不是给学生设定整个学年的大目标，反而容易因小失大，造成一叶障目的阻碍。由于学生的眼光和思维被局限在一个小圈子里，失去了自我掌控的弹性和自由选择的乐趣，反而得不偿失。

学生有了自我掌控的弹性，他们会自己设计达成目标的方案，并且努力去实现它。如果出现问题没有达成想要的效果，也会想办法做出修正，一次不成功就再进行第二次、第三次，总能找到完成任务的最佳途径。实际上，这与成年人做事的方式是一样的，不可能设定了目标就会一蹴而就，调整、改变方法和路径是非常正常的行为。只是在传统教育理念中，教师因担心学生会失败而不肯放手，更没有认识到失败本身就是一种深入学习的过程，在努力的过程中吸取教训、总结经验，才能更好地达成目标。

道尔顿教育计划在培养学生的行为能力方面的做法也非常特

别，不把学校只当成学生学习的场所，而是当成社会生活本身去塑造学生。学生在学校生活中会体会到成长需要的各个方面，比如经历挫折，有困难时获得他人的帮助，努力做自己喜欢的事情，因进步和成功体验到成就感并从中受到激励。

3. 让学生看清目标全貌，过程和细节自主设计

道尔顿教育计划为了给学生自主学习创造机会，采用的最有效的方法是让学生纵览所布置的任务全貌。一个人要赢得比赛，他必须首先对目标有清楚的认识。教师在新学年开始就把一年内要达到的总目标清晰地亮给学生，就如同海上行船有了航标灯，方向和目的都十分明确。

学生对所要达到的目标一清二楚后，自主学习会像成人做事那样，本能地寻找完成任务的最佳途径，通过不断调整手段或改变路径向目标迈进。假如学生的手段、路径与目标不符，就会抛弃它而尝试其他方法。这时学生会发现，向从事类似项目的伙伴咨询很有益处。小组讨论学习会帮助澄清思路和实现步骤的优化。任务完成后，学生会因成就感而欢喜。因为在完成任务期间，他思考到的、感触到的和经历的过程都成为一种经验积累下来。可以理解为，这是通过个人发展和集体合作所形成的一种文化沉淀。学生的学习不能单纯地被理解为是在接受学校教育，而是生活本身。

道尔顿教育计划的实施不仅激发了学生兴趣和能力，也教会学生怎样为获得成功而调配自身精力的投入。有一位军事家曾说过，"军队使用的经济性在于，于某个重要时刻，把自己所能支配的所有力量投入到一点上。"这话也同样适合学生优化学习进程。道尔顿教育计划允许学生集中全力，在特定的时间内学习他最感兴趣的科目，这就使其更容易克服学习上的困难。在这种情况下，学生不仅学得更多，而且学得更好。

美国思想家爱默生说："教育的秘诀在于尊重学生。不是由你来决定他该知道什么和该做什么。这是上帝所造的，是先天注定的，只有他自己掌握着开启自己秘密的钥匙。由于你的干涉、阻挠和过多的管制，他可能受到阻碍，不能达到自己的目的，不能做自己的主人。"教师尊重学生，不像一位威严的父亲那样经常发号施令，去侵扰学生的学习，这不能不称之为明智之举。

4. 合同制作业——对学生学习进度的契约式督促

道尔顿教育计划一个突出特点是，通过教师与学生签合同的方式把学习任务交给学生，使他感到自己对于学习任务的履行负有责任，这就使学习任务具有了严肃性。

学生如果没有完成合同中的学习内容，教师不允许他去学习其他内容，也不允许出现偏科的现象。如果一个学生在一两门课程上学习到了高于他所在年级的平均水平，却在其他课程上落后于平均水平，按照教学标准要求，要将大多数时间用于克服较弱学科上的困难，完成合同约定的学习内容。执行合同教会学生如何去安排时间，以便能够使进度慢一点、仔细一点。这样就能为后续的每一步骤做好准备。学生因各门课程平衡发展，也就在综合知识能力上得到了全面发展。

5. 设定评测三张表，学生一表在手进度可自行掌握

在道尔顿教育计划实施的过程中，教师确切地知道学生在所选择课程中的进步情况，是一件非常重要的工作内容。为此，教师需要设计一组进度跟踪图表，图表形式一共有三种。第一种图表，教师用于跟踪每个学生的进步情况，并经常以表格所填内容比较分析学生的学业进度。学生也可用它来比较自己与同伴之间的进步情况。第二种图表，是学生自己的合同作业图表，要求在上面记录自己每天的进步情况。第三种图表，记录整个班级或整个年级学生学习的进步情况。

通常情况下，教师对学生的进步以固定的周数作为考量时间。如一个叫玛丽的女学生攻读了 6 门主科，每科都有 4 周的学习任务，这样，她的作业合同上就需要有 24 个周的任务量。因此，在一周接一周的每周完成任务的图表上，学习成绩的评测并不是按照独立的课程来进行的，而是看她在总共需要完成的任务之中完成了多少周的工作量。

以这种方式来测评学生的学习情况，学生就能在完成一项又一项的任务中稳步前进，最后顺利完成全部课程。如果学生在一个为期 9 个月的学年里，由于疾病或缺课，他仅完成了 8 个月的任务，那么，在下一年，他就从第 9 个月的任务开始学习。相反，资质优秀的学生则可能在一个学年里完成所规划的 18 个月的学习任务。在计划完成时期的比、学、赶、帮、超，会强化资质平常的学生努力学习。但是，无论学生怎么样控制自己的学习进度，都以自身的愿望和速度去获得良好的发展。

（三）道尔顿教育计划中合作学习的多重意义

道尔顿教育计划所注重的合作学习，有多重意义。学校为了创造合作学习氛围，规定在他人遇到困难时，不能袖手旁观，因为大家相互之间对彼此有一定的责任。当遵守这个规定成为约定俗成的习惯，在这种潜移默化的氛围里，教师和学生会自觉地关注他人、帮助他人，每个个体都意识到自己是学校这个大集体的一员，是一个合作者，要为别人承担一定的责任。

1. 学生为共同的学习目标走进"学习小组"

在合作关系中充分体现学生是学习的主体，教师是学生的助手和朋友。这种合作关系使教师和学生均得以提升和发展。道尔顿教育计划正是立足于激发学生身上的自立和主动精神，才使学生个性的塑造、创造才能在每个成长阶段具有标致性意义。

由不同年龄、不同性别、不同性格的学生组成的学习小组，类似我们常说的"大家为了一个共同的目标走到一起来了"，学生之所以在一个组里学习，是因为对某个学习项目或年度目标中的项目，需要进行合作学习。合作学习的项目可能是某一课题、某一实验、某一件事或某一现象等，是使每一个学生能深入下去且没有严格限制的任何问题。通过合作学习促进了学生的参与意识，也增强了自身的责任担当。

2. 合作学习的基础是学校对学生的尊重

道尔顿教育计划合作学习的基础是尊重学生。尊重学生就要让学生自己完全做自己的主人，根据自己个人的兴趣和特长选择自己的学习科目，决定自己的学习进度和学习时间。尊重学生就是要尊重学生的天赋和天性，开发学生的潜力，鼓励学生做真正的自己。而不是传统教育制度下，学校和老师规定了学生在什么时间、什么地点、一定要学习什么内容。道尔顿教育计划完全抛弃了循规蹈矩、不敢越雷池一步的教学模式。

3. 合作学习的讨论环节强化学习效果

学生在完成自行安排的学习任务的过程中，发现与伙伴合作很有益处，同伴之间的讨论沟通会帮助他们解决自己无法弄明白的问题。为了实现各种各样的学习目标，学生会使用各种各样的学习方法解决问题，对于不利于完成学习任务的方法，学生会迅速予以抛弃，并迅速寻找能够高效完成学习任务的最佳途径。在合作学习的过程中，学生会与同伴经历或接触不同的事物，这些事物会引发大家做出各种各样的思考，帮助积累社会经验，而这种经验更利于个人的发展和更多样化的集体合作学习。

三、道尔顿教育计划在雄安的探索与实践

著名教育专家、教育部原副部长韦钰在接受媒体采访时说："未来，人工智能和机器人依据海量的知识储存和快速的算

法，将会取代人类的许多工作。只有人类经由实践升华而得来的智慧与创新才是不可被替代的。那么，我们的教育，到底要教给孩子什么，到底是要培养什么样的人，这将是教育面临的最核心的问题。如果依然按原有的方式对孩子进行填鸭式知识教学，不鼓励孩子去探索、去体验、去自信地解决遇到的问题，那么三十年后孩子们可能找不到工作。"互联网、大数据、人工智能技术的发展，使教育教学变革的紧迫感比任何一个时期都要强烈。在整个教育体系看向最优、选择最优、实施最优的进程中，精英培养策略——道尔顿教育计划的实施，是教学模式变革的最优选项之一。

（一）中小学校实施道尔顿教育计划策略

道尔顿教育计划的"母校"道尔顿学校，曾经创下连续 30 多年全部毕业生被哈佛、耶鲁等名校录取的奇迹，使致力于教学改革的奋进者倾力研究，并将道尔顿教育计划这一教育秘籍本土化效能发挥到极致作为追求目标。千年雄安，教育先行，雄安新区博奥高级中学（简称"博奥高级中学"）、雄安博奥新区学校（简称"雄安博奥学校"）、新瑟谷（雄安）国际学习中心等学校都在探索实施道尔顿教育计划，并在激发学生学习内驱力、提升学业方面取得显著成效。

1. 道尔顿教育计划研究专家陈金芳的指导与培训

2014 年 4 月，中共中央、国务院决定设立河北雄安新区，雄安中小学教育迎来发展的新机遇，基础教育主管部门聘请多位全国著名教育专家前来指导工作，对教师进行以中小学教学模式改革、课程改革为核心的综合能力培训，陈金芳博士被聘为教学顾问、课程指导专家。

陈金芳博士毕业于北京大学，现为中国教育科学研究院理论所教育制度研究室主任、研究员，北京大学人学研究中心特约研究员；国际道尔顿教育协会专家组成员，华夏道尔顿教育体系创建人。2005年翻译出版《道尔顿教育计划》一书，在全国教育界产生广泛影响，发表《道尔顿制对我国当前中小学教改的契合与启迪》《自由与合作——道尔顿教育计划》等多篇相关论文。

陈金芳博士多次来到雄安讲学，为雄安博奥高级中学、雄安博奥学校、新瑟谷（雄安）国际学习中心的广大教师进行道尔顿教育计划实施过程培训，在自由与合作学习、课程设计、学生学习过程评价等方面给出具体的指导意见，为雄安博奥学校每个学科编写"道尔顿课程教案"出谋划策，针对多学科融合教学的方式方法进行系统的讲解和指导，使各学科教师受益颇深。陈金芳多次强调说："道尔顿教育计划的亮点就在于十分注重培养学生的创造能力，它不仅能使资质优秀的学生得到充分的发展，也能使资质平常的学生得到超水平发挥。其中的秘密就在于挖掘孩子的潜能，培养孩子的自信，把他们培养成为独特的、无可替代的、充满创造力的人。"陈金芳一语中的的精辟论述，使雄安博奥学校的教师恪守人才培养的根本——挖掘学生的潜力，编制各自的"道尔顿课程教案"，在教学过程实现多学科融合基础上，培养训练学生的批判性思维能力，为探索道尔顿教育计划与雄安中小学教育特色相结合，不断积累成功经验起到了很大的推动作用。

2. 应用精英培养秘籍，加强"因脑施教"的针对性

"因材施教"是中国教育千百年来老生常谈的话题，但是几十年的应试教育把这句话架空了，中小学校的教育教学只为一个目的，即由打造高分数到推高升学率。当新高考政策实施后，应试教育模式将被逐渐废除，"因材施教"以内容的实在性回归到教育者的视野，需要每位教师认真思考并付之行动。但是，随着脑科学的发展，揭示出大脑与学习的结构性关系，"因材施教"被更准确地定义为"因脑施教"。

教育专家、教育部原副部长韦钰说："神经教育学的出现有助于我们接近人脑的发展规律，有助于我们基于实证基础，研究人的发展，从而研究教育规律。作为灵魂的工程师，教育实质上就是在建构人的大脑。对教育者而言，正确地认识大脑发展的规律，才能知道如何正确地'因脑施教'。"

青少年时期是树立理想、迸发激情与力量的时期，也是开始独立步入社会、需要认识和控制自我、与他人和社会协调共处的关键时期。正因为这个时期学生的大脑发育并未完全成熟，而且还是精神疾病和反社会行为易发的时期，所以就更需要教师对学生心理变化深入了解，培养合作意识和社会适应能力。道尔顿教育计划给出了"因脑施教"的良策——基于学生经验获得知识认知的合作学习，注重学生学习过程中步步走高的教学方案设计，适合优者更优、非优快速变优的教育模式，为学生自身能力的提高准备了一个个适合跳跃的阶梯。

通常情况下，学生自觉选择做某种游戏或追求某个目标时，最基本的理由是估计到自己能在过程结束后胜出。由于有了这种选择时的责任心和自信心，为了保证取胜，他的大脑就会像一个高倍显微镜一样运行，吸取和权衡他必须克服问题的方方面面。学校给予学生做自由选择的权利，学生的大脑也会用完全同样的方式来处理学习中的问题。在道尔顿教育计划中，教师把学习中的问题直接放在学生面前，并指出需要达到的目标，允许学生用自己的方法和自己的速度解决问题。学生对达成结果的责任心、自信心，不仅会发展他潜在的智力，还会发展他的判断能力和个性特质。促进"大脑构建"的优质化，是培养学生形成优秀人才特质的做法，自然会对学生将来在社会中的发展大有裨益。

雄安博奥学校教师经过道尔顿教育计划培训以后，教育教学的针对性明显增强，有的学生增强了学科学习兴趣，树立了自信心，带动了其他学科成绩的进步；有的学生改变了性格上的弱点，因变得开朗活泼而合作学习的意识明显加强。

（二）探索道尔顿教育计划的本土化方法

1. 合作学习——翻转课堂与道尔顿教育计划相结合

道尔顿教育计划合作原则下产生的"社会经验"是从群体之中或者个体之间的合作关系中产生的，是学生在完成任务期间积累下来的经验。这种经验不仅可以促进学生智力、情感、道德层面的发展，还可以为学生踏入社会做好准备。

合作学习经常以小组讨论的形式开展，这种方式也是翻转课堂最常用的方式。雄安博奥学校和博奥高级中学，将翻转课堂与道尔顿教育计划相结合并行实施，既发挥了网络教学的优势，又促进了道尔顿教育计划合作学习的不断深入，这种结合本校实际的二合一式教学方法已经运用在各学科的教学过程中并取得良好效果。

2. "双导师制"实现教与学的高质量对位

为适应《中国教育现代化 2035》给教育教学改革提出的新课题、适应新时代发展和未来社会形态对人才的新需求，新瑟谷（雄安）国际学习中心设定了新的教育目标——为未来社会输送能力过硬的创新型人才。为了配合人才目标的实现，倡导自由、包容、尊重、开放的教育理念，在融合全球、全国优质教育资源的背景下，实现培养精英人才、优秀人才的长远目标（见表4-1）。

表4-1　新瑟谷（雄安）国际学习中心的四大理念

自由 FREEDOM	包容 INCLUSIVENESS	尊重 RESPECT	开放 OPEN
自由发挥	包容万象	尊重个体	态度开放

为培养学生终身自主学习能力、独立思考能力、探究能力、

顽强意志，在道尔顿教育计划高师生比的基础上，进一步强化教师的专家地位和导师作用，"创新型人才班"实行"双导师制"，由本校学术造诣深、教学水平高的教师与外聘的中科院、社科院、中国教育科学研究院专家，全国著名高校的教授，有创新精神的企业家等社会精英组成"新瑟谷创新型人才班导师组"。学生可在导师指导下以特殊的人才培养计划为基础，自主设计、制订个性化学习方案。

雄安中小学教育在自身实践中加以改革与发展，以国际先进教育制度为风向标，配合国家教育现代化的发展战略，鼓励学生发掘自身潜能，激发出学生内心深处的巨大潜能，积极引导学生树立正确人生观、价值观，尊重每个学生的人格与学习意愿，努力为国家培养适应新时代发展需要的创新型人才。

第五章

雄安未来学校，树立中国教育标杆

如果说20世纪末，站在未来学校教育的起跑线，中国慢了半拍。当未来学校教育的发令枪打响时，中国教育将率先跨出历史性的一步，向引领世界教育潮流奋力挺进，到2049年，中国学校教育将站在世界教育中心，在制定全球性教育规则时，中国声音将有拥有更大权重。千年雄安，教育先行，在京津冀协同发展的背景下，雄安中小学教育具有优先谋划、优先投入、优先促进、优先发展的"四优"环境，中小学校教育体系构建必将取得高起点、高定位、高标准、高质量的"四高"成效。

21世纪以来，为应对新一轮科技与产业革命，国家陆续出台着眼于未来的人才培养规划和教育发展战略，并根据新时期的特点开展了多种形式的未来学校教育的探索和实验项目，已经取得丰硕成果，大量优秀人才为国家政治经济文化的发展作出了贡献。历史来到信息技术高速发展的今天，放眼全球教育变革，从传统教育到未来教育，意味着教育理念的全面更新。从工具主义的目标思维、以教师为主体，到以人为本、以学生为主体；从应试教育转为培养创新人才、优秀人才的核心素质教育；从以学科为中心、重知识传授到能力本位、创新知识；从教师如何教、怎样教，转为学生学会学习、终身学习，都必须进行突破性改变，从教育观念、教育体制到教学模式、教学方法等各个方面进行脱胎换骨一般的创新。

一、站在前沿，建立信息技术引领的最优教学模式

《中国教育现代化2035》确定了教育发展的主要目标，中小学教育要沿着2035年教育现代化总体目标的方向，呼应建设教育强国的长远需求，实现教育思想、教育制度、教育设施、教育内容、教育手段和方法等方面的现代化。

（一）雄安学校教育质量需看齐世界最高标准

高速发展的现代社会知识更新呈几何级数增长，互联网、大数据、人工智能技术的快速发展导致产业结构发生了剧变，社会发展对多元化、复合型、创新型的人才需求愈加迫切，学生个体对教育的需求也更加多样复杂。学校教育目标、中小学教师角色、学生的学习内容和学习方式在发生重大改变，全球各国通过学生

教育、科技创新改变未来生活的需求日益迫切，作为科学技术创新黄金领域的学校教育变革比任何时候都显得重要。

从 21 世纪之初开始，云课程、慕课、翻转课堂、选课走班等新的教育形态，一经问世便迅速在全球兴起，引发信息技术变革学校教育的浪潮。与此同时，个性化学习、合作学习、研究学习等以学生为主体的学习方式更加深入人心。"无处不在的学习""没有教室的学校""一人一张课程表"等新的教育形态不断涌现，一个全新的学校教育新时代的征帆已经高高扬起。正所谓"问苍茫大地，谁主沉浮"，雄安学校教育从洼地变高峰的历程中，必然要挺起中华民族五千年文明的腰身，以"欲与天公试比高"的自信，向世界最高标准看齐，建设具有国际先进水平的学校教育体系；整合各类教育资源，集中力量打造国际人才培训基地，为国家的创新发展提供强大人才支撑。

雄安未来中小学教育，将以突破时间、空间、内容、师资等限制的新方式，将互联网、云计算、物联网、人工智能等新技术作为学校教育的共享资源，打破学校、学科之间的界限，学生教育的空间与教育机会得到极大的拓展。在先进的科学技术手段的支持下更好地针对学生的个性特质，如兴趣、爱好、特长等开展订制式、个性化学习，突出综合性人才、创新型人才的人格特征的培养。

1. 引入英国未来学校的"学生中心课堂"

2009 年，英国发布一份教育白皮书《你的孩子，你的学校，我们的未来：建设 21 世纪学校体系》。2011 年，英国教育大臣宣布启动英国国家课程新一轮修订工作，对课程设置和考试形式做出修订，同时，进一步推进了基础教育改革，将实际应用所需的实用性知识和技能编入课程中，着力构建一套有实用价值的课程体系。注重基础和核心技能的培养，强调富有更大的灵活性。

其课程目标的确立充分考虑到了各地区的差异和资源不均衡的特点。

英国是翻转课堂教学方式推广最早的国家之一，围绕课程改革创建"学生中心课堂"，与我国现阶段的翻转课堂不同，教师要为学生设计难度较高的学习任务，学生只有在具备了完整的基本概念，并综合应用这些概念才能完成教师所设计的任务，教师要设计的任务一般都含有相当高复杂程度的问题。

由于"学生中心课堂"要求学生必须具备应有的基本概念，而这些概念的获取必须靠自学，而不是教师讲授，因此信息技术运用能力成为学生学习必须具备的基础能力，也就是学生要具备适应"电子书包"教学的 5R 要素，即电子阅读（Reading）、搜索研究（Research）、互动反馈（Response）、教学诊断（Report）和补救学习（Remediation）。教师采用网上布置学习任务的方式开展教学活动，包括文档、动画、视频等，学校建有自我监控与记录学习历程的网络体系。"学生中心课堂"具备促进学生学习高效率的特点，也自然使教师的教学呈现较高效能。

雄安博奥学校和博奥高中将参照英国的创新模式，在确立课程目标时适当地将其精细化、具体化，实现由点及面、由特殊到一般的目标。各学科的教学中适时加入边缘学科的内容，如地球科学、天文学、信息技术、微电子学，以及环境科学、卫生教育和经济学的某些内容。注重对重要学科概念的理解与应用，以及对学生科学调查研究能力的培养。在开展互联网教学方面也将吸收英国取得的成功经验，实现教师教学和学生学习的双向高效率。

2. 学习法国"教育数字化"取得的实践经验

2013 年 6 月，法国参议院通过了《重建共和国基础教育规划法》，启动了新一轮教育改革，在阐述"面向未来的学校"时，强调面向互联网和新媒体时代的教育改革远景是"大力推广数字化教学"。

相关专家学者论述实行数字化教学的缘由时谈到了7个方面：一是数字化教育可以满足课程多样化的需求，推动整个教育系统的变革，提高学生的学习效率；为学生创建全新的学习方式；促进合作学习与创造意识培养，激发学生自主学习的积极性。二是数字化教育帮助教师丰富课堂以适应学生的个性化需求；保障学生可以在学校、家庭、社会以及全球获取优质的教育资源。三是数字化教育能最大限度地实现教育平等，每个学生都将亲身体验先进的数字化服务，加深对信息化、社交网络、大数据的理解与使用，掌握新型的社会化的人际交流沟通方式。四是数字化教育运用先进的互联网技术，增进学校和家庭之间的联系，教师与学生和家长之间的互动有了即时性。五是数字化教育能更大程度地适应残疾儿童个体性教育需求，强化学生、家长、教师对适应性教学资源的使用。六是数字化教育可以帮助学校更好地甄别学生辍学动因，为教师和相关机构提供帮助的机会，因而降低辍学和失学率。七是数字化教育使学校与社会用人机构之间的合作更加便捷，也使学生的技能增长更适应生活、就业的需要，帮助学生获得更好的未来。

鉴于这几个方面的重要性，法国教育部在推广"教育数字化计划"过程中，投入大量经费完善数字化教学需要的设备，发展丰富的教学资源和多样的教学形式，从基础教育到高等教育的整个教育体系中全面推进数字化校园建设，形成数字信息公共教育服务体系。推动了两个著名的数字化项目：一个是2015年5月发起的"联结小学"项目，在惠及500所中小学的基础上，完成法国全境中小学的全面宽带连接；另一个是2015年10月发起的"电子法国"项目，前期投入3000万欧元，帮助部分学校完成数字化转型的基础设施建设。

对比法国在教育数字化建设的推进力度，目前雄安博奥中学、博奥高中的数字化还需要进一步强化。不能仅局限于硬件设施的建设，而是要打造硬件、软件和潜件三者有机结合的综合系统，增强共享学习资源的数字化功能；全面实现教学设施的网络化；促进多媒体学习环境的完善。

教育数字化首先要推动教师职能、角色定位的转变，使广大教师完成"知识传授者"向"设计者、指导者、组织者、帮助者、学习资源的管理者及研究者"的转变。进一步完善多媒体计算机教室、电子网络教室、电子阅览室、电子备课室、远程教学信息网络系统等校园数字化建设，尽早实现学生无纸笔的全系统数字化学习以及学校与家庭的数字化联通与互动。

3. 吸收新加坡未来学校"无边界"融合优势

2006 年，新加坡资讯通信发展管理局与新加坡教育部联合发起了为期 10 年的"智慧国 2015"项目。该项目在规划上体现的"未来学校"建设，旨在鼓励学校充分利用高科技信息通信技术手段，扩大学校教学和学习的内涵和外延，为学生提供优质高效的学习体验，提升学习的成效，不断提高学生的技能，以面对未来人才需要的挑战。这个项目以试点校的方式自上而下逐步推开。

新加坡"未来学校"项目运用现代信息通信技术，使学校教育实现了"无边界"。学生在学校里应用虚拟技术进行学习，使学生和教师可以发生更多种形式的互动，在线评价和跟踪学生的进度都非常高效。视频共享和即时通信等互联网技术则使学生不仅可以和身边的同学，还可以和全世界的同伴一起进行相关项目的合作。在学科融合方面，教师围绕设计的专题将多门学科的教学内容整合进来，使多学科融合教学实现了无缝对接以及多重效应的叠加，不仅丰富了学生的学习体验，而且巩固了理论知识、提高了操作技能。新加坡"未来学校"项目的实施，使中小学教育信息化走在了世界的前列。

2018年4月，我国教育部印发《教育信息化2.0行动计划》。这个计划犹如赶超世界最先进教育信息化的发令枪，在加快推进教育改革步伐的环境下，我国到2022年基本实现"三全两高一大"的发展目标，即信息技术教学应用覆盖全体教师、学习应用覆盖全体适龄学生、数字校园建设覆盖全体学校，信息化应用水平和师生信息素养普遍提高，建成"互联网＋教育"大平台，推动从教育专用资源向教育大资源转变、从提升师生信息技术应用能力向全面提升其信息素养转变、从融合应用向创新发展转变，努力构建"互联网＋"条件下的人才培养新模式、发展基于互联网的教育服务新模式、探索信息时代教育治理新模式。

《教育信息化2.0行动计划》在"主要任务"这一款中规定："继续深入推进'三通两平台'，实现三个方面普及应用。'宽带网络校校通'实现提速增智，所有学校全部接入互联网，带宽满足信息化教学需求，无线校园和智能设备应用逐步普及。'优质资源班班通'和'网络学习空间人人通'实现提质增效，在'课堂用、经常用、普遍用'的基础上，形成'校校用平台、班班用资源、人人用空间'。教育资源公共服务平台和教育管理公共服务平台实现融合发展。实现信息化教与学应用覆盖全体教师和全体适龄学生，数字校园建设覆盖各级各类学校。"

"构建一体化的'互联网＋教育'大平台。引入'平台＋教育'服务模式，整合各级各类教育资源公共服务平台和支持系统，逐步实现资源平台、管理平台的互通、衔接与开放，建成国家数字教育资源公共服务体系。充分发挥市场在资源配置中的作用，融合众筹众创，实现数字资源、优秀师资、教育数据、信息红利的有效共享，助力教育服务供给模式升级和教育治理水平提升。"

雄安博奥中学、博奥高中将配合雄安新区建立中小学发展共同体，推选优秀学校担任牵头工作，定期组织开展"互联网

＋教育"大平台建设研讨活动，加强校际之间的沟通与交流，促进信息资源共建共享；组建由全国、世界"未来学校"研究专家团队，引入世界一流的专家指导力量，定期组织专题培训、项目研讨、实地指导等活动，保证教育信息化实践探索的良性持续发展；建立健全科学的有相对性的评估标准，对学校工作进行跟踪评估，与示范校和联盟校协同深入开展工作，建成世界一流的"未来学校"。

4. 汲取俄罗斯"天才培养计划"及中科大"少年班"的精髓

2003 年，俄罗斯联邦教育部第二次出台《天才工作构想》，明确地阐述"天才儿童"概念，规定了一系列的天才儿童的发现和发展原则，并特别强调选拔天才儿童的过程必须同时致力于发展儿童的潜力。俄罗斯"儿童补充教育体系"就是为满足儿童的多样化的兴趣和爱好，作为"天才培养计划"支持体系应运而生的。在"儿童补充教育体系"内已经建立了包括"阿尔捷克""海洋""雏鹰"等全国儿童营地，以及青少年科技园和专业培训址在内的天才儿童培养体系。

俄罗斯从苏联时期开始，就一直将少年天才培养作为实现科技创新最重要的人力资源保障。近些年来，对于这一问题的关注持续升温，总统普京不仅讲过，"天才青少年是全民族的财富"，还在圣彼得堡举办的大学校长联合会强调，大学要为天才儿童发展创造条件。普京曾多次去天才少年班去看望学生，并与他们进行亲切交谈。

俄罗斯著名大学的附属学校在天才儿童教育方面发挥着独特的作用，莫斯科大学、圣彼得堡大学、新西伯利亚大学、乌拉尔大学、鲍曼大学的附属学校在培养天才儿童方面积累了丰富经验。

俄罗斯社会舆论认为，国家建立发现和培养天才少年的机制体制十分必要，因为天才少年不仅需要受到全社会呵护，国家更应该为他们铺就更为畅通的求学、发展之路，无论是数学尖子、绘画天才、写作神童，还是才华横溢的小发明家，只要这名少年在某个学科领域才华出众，对他的学习和生活就应当给予特殊安排。俄罗斯教育部明确规定，列入国家人才培养计划的"天才学生"不受户籍、民族、家庭收入的限制。他们可以自由择校，自由选择专业，甚至可以不交纳学费。"天才少年"可就读全俄罗斯最好的大学，让他们在国家的关怀下成长为推动国家走向繁荣富强的一流人才，这一理念已经成为政府、公民的普遍共识。完善和发展天才儿童和优秀青少年的发现、支持、发展计划，是"俄罗斯教育2024"发展的优先方向之一。

在天才少年培养方面，我国高校也取得了许多经验，并且培养了大量的高端人才。2018年，是中科大少年班创办40周年。在这40年中，从少年班学院毕业4140人。到目前为止，已有5名少年班毕业生被评为院士，17人入选"青年千人计划"，12人被评为"国家杰出青年"，11人获评"国家优秀青年"。

雄安博奥学校、雄安博奥高中将在吸收国内外"天才少年"培养的先进经验的同时，完善体制、机制，在培养创新人才、高端人才、综合性人才方面做出更多的努力。

在新一轮科技与产业革命的大背景下，世界各国关于21世纪人才核心素养的广泛共识已经充分表明：全球教育变革势在必行，学校教育将迈入一个面向未来的全新时代。2014年教育部颁发的《中国学生发展核心素养》指出：中国学生发展核心素养，以科学性、时代性和民族性为基本原则，以培养"全面发展的人"为核心，分为文化基础、自主发展、社会参与三个方面。综合表现分为人文底蕴、科学精神、学会学习、健康生活、责任担当、实践创新六大素养，涵盖了理性思维、批判质疑、勇于探究、信息意识、国家认同、国际理解、问题解决等多方面内容。

学校教育教学要注重培育、引导和激发学生内心的学习需要，通过主题式教学设计，面向真实问题重组教学内容，采用主动的、探究式的、理解性的学习方式，培养学生应对复杂情境和解决真实问题的能力。

（二）打造信息技术引领的未来学校教育模式

2013年，国家启动中国未来学校创新计划，以科学研究为基础，以培养创新人才为根本，利用信息化手段促进学校教育的结构性变革，推动空间、课程与技术的融合创新，为学校的整体创新提供理论引领和实践指导。经过几年的深入研究后形成了"1+3+4"的立体化工作体系："1"是指每年举办一届未来学校大型研讨会，整体展示未来学校的最新研究进展；"3"是指实施未来学习中心、STEAM创新中心、艺术创意中心三种类型的未来教室建设方案；"4"是指未来学校在学习空间设计、学习方式变革、课程再造、学校体制机制组织创新等四大研究内容的整体推进。

2016年11月，中国教育科学研究院发布的《中国未来学校白皮书》指出，未来学校建设计划将注重整体性、系统性和协同性，以系统思维驱动内涵建设，开展未来学习空间设计、未来学习方式变革、未来课程体系再造、未来学校组织创新，充分发挥信息技术对学校教育的支撑、发展及引领创新作用，深入探索"云教育＋实践场"的未来学校形态。同时，立足中国未来学校联盟，充分发挥示范校的引领创新作用，定期开展多种形式的研讨与交流活动，提升未来学校创建的综合应用效能，打造一批理念先进、特色鲜明、质量领先的未来学校。

2018年4月，教育部颁布的《教育信息化2.0行动计划》指出：要将信息技术和智能技术深度融合到教育全过程，教与学环境要为师生随时提供服务，达到"人人皆学、处处能学、时时可学"的目的。这就要求在信息化环境建设时，要以"数据建设为中心"，中小学教育要从数据贯通的角度，对区域及智慧校园建设进行统筹规划和顶层设计；为了强化信息化建设的高效能，要从数据建设的需要反推各种软硬件建设；从数据设计需要的角度消除架构零散、数据缺失、孤岛壁垒等诸多信息化建设中存在的问题。在此基础上，构建师生互通的事、物、场景、时间、地点的数据化虚拟空间，逐步实现教育终端数据化和一体化。

雄安博奥学校、博奥高中的创建与发展，必将在国家的统一部署下，以理论结合实践的方式，开展创新实践；不断整合资源，引进国外优质教师培训课程，联合课程教学、教育信息化、教师专业发展、学校管理等方面的专家，共同打造全新的未来学校教育模式。

1. 基础设施建设拓展"互联网+"教学空间

未来中小学校的基础设施建设，在传统校舍建设的基础上将重点打造数字技术、互联网技术为主导的虚拟空间建设。未来的学生学习，将不仅仅在学校完成，还将有大部分在家庭、在社会上完成。尤其是"创客学习"，即基于发明创造的学习，学生是整个学习活动的主体，通过具有能动性的学习行为，感受知识产生的过程，从而强化对知识的理解和运用。在这种以问题为导向、以项目设计为导向的系统化学习过程中，通过将理论知识与实验、实践活动结合起来，培养未来社会所需要的独立思考能力、批判性思维和创新思维能力、分析解决问题的能力与协调沟通能力。无论是"创客学习"还是以问题为导向、以项目设计为导向的学习，都需要学校满足学生学习的更大、更复杂的空间需要，在做好校舍物质环境建设现代化的同时，将把虚拟空间建设放到更重要的位置。

目前，翻转课堂教学模式是学生借助移动设备在互联网的支持下开展的不受时空限制的学习模式，学生可以在网上观看教师视频授课，实现在不同场景中的"面对面"交流，学生之间也可以进行在线讨论，构建开放的学习环境，提升学校教育管理的工作质量，一定程度上克服了学校管理服务的盲区。在不久的将来，通过 VR（Virtual Reality，虚拟现实）技术，可以打造更加立体化、多层次的虚拟学习空间。

雄安博奥学校、博奥高中建设将利用虚拟现实技术构建更为先进的三维虚拟学习环境，实现对真实课堂教学情境的有效模拟，为学生的学习提供同步通信及同步学习会话的支持，把抽象的内容以具象的方式展示出来，使学生能够更加轻松自如地对抽象内容加以理解和把握。由于在虚拟空间中，要对教学内容进行具体的景物和人物设置，在教学应用的过程中，必须要有完善的硬件及软件设备的支持，未来的学校建设要在这方面进行大量的投入工作，以保障虚拟学习空间的高效应用。

2. 率先开启人工智能与教师协作教学

随着人工智能技术的快速发展，人机之间的区别会越来越小，2017 年 4 月，在北京举办的全球移动互联网大会上，美国卡内基梅隆大学计算机科学学院机器学习系主任汤姆·米切尔发表了以"突破人类与机器的壁垒"为主题的演讲。其核心内容是，脑科学和人工智能在过去几十年都有了巨大发展，现在到了打破两者之间界限的时候，未来将加快发展更具人类能力的人工智能，人类的大脑也将会更加"计算机化"。通俗地说，人工智能将"更加具有人类能力"，而人的大脑要"更加计算机化"，这将给学校教育带来海啸一般的变革。

（1）中小学教育要勇于迎接人工智能的挑战

人工智能是人类思维的革命，未来知识的创造和变异的速度将难以想象，而这种创造和变异必须在海量资源、科学筛选、超速计算等基础上进行。在传统教育模式的背景下，人靠刻苦学习、知识积累、循序渐进的学习方式所打造出的思维能力，在不久的将来根本无法达到完成某项工作的目的。在人类社会的发展与人工智能的竞争中，人类要想赢得胜利，必须从中小学教育开始，使人的思维能力培养做出重大突破。在发挥以往培养人才具备必要的知识能力的基础上，中小学校教育要打造人才求异逐变、质疑批判、探索研究、逻辑推理等新型智慧能力；弥补人类思维相比于人工智能速度缓慢的短板并在其他领域实现超越。

（2）教育不立足于现在，学生才不会生活在过去

美国教育家杜威说："今天的教育和老师不生活在未来，未来的学生将活在过去。"这话是现代教育变革的指针。基于大数据、人工智能构建促进个性发展的教育体系，在对学生进行完备的学习数据记录和分析研究的基础上，通过基因测试精确掌握每个学生的个性特征，建立线上线下相融合的个性化、选择性的精良教学空间，教师向学生推送权威知识、学习数据、人生规划等内容，由面向学习成绩评价转向面向学习过程的评价，增加学生学习的适应性与选择性，在不久的将来就会变成提升中小学教育的必由之路。

人工智能与"互联网＋教育"将带来线上线下相融合、教育资源立体化呈现、传统教育无法提供的新形态教育服务，未来学校将在自动批改、人工智能解题、社交化学习、学习成果动态预测、即时反馈、在线辅导、在线答疑等率先进入实践运营阶段。目前，美国佐治亚理工大学已经开始运用IBM Watson技术的机器人代替助教授课，学生有疑问都可以问机器人，期间没有哪个学生发生使用困难或效果欠佳等问题。现代化教育发展速度要求学校教育立足于未来，学生才能真正把握好当下。

（3）未来中小学教师需与人工智能进行广泛协作

未来学校教育将充分利用人工智能技术服务学生的深度学

习。机器人助教为学生自动出题和自动批阅作业，机器人分析师对学生的学习障碍自动诊断，学习效果自动反馈；机器人素质提升教练对学生自动进行问题解决能力测评、学生心理素质测评、体质健康检测；机器人班主任自动编制、反馈学生综合素质评价报告；机器人智能导师对学生自动开展个性化智能教学的指导、个性化问题解决服务；机器人职业规划师自动为学生进行成长和未来发展规划。学生在学习过程中的互相沟通、个性化学习内容的生成与汇聚、数据驱动的教育决策等也全部由机器人来完成。

雄安未来学校教师与人工智能将发挥各自优势，协同实现个性化教育、包容教育、公平教育与终身学习教育，促进学生智能、体能的全面发展。未来学校教师承担的知识教学角色，将会被人工智能所取代。教师育人的角色将进入与人工智能协作的全新模式。

3. 脑科学、基因科学、AI 技术转动未来学校教育轴心

2018 年 11 月，中国教育科学研究院发布的《中国未来学校 2.0 概念框架》指出，早在 20 世纪 90 年代，一些国家纷纷开始进行对大脑科学的研究。美国范德比尔特大学乔治·皮博迪学院学习技术中心的约翰·D. 布兰思福特教授等编著的《人是如何学习的：大脑、心理、经验及学校（扩展版）》，阐述了脑科学研究的结论：学习可以改变大脑的物质结构，学习可以改变大脑的功能组织；大脑的不同部位适合不同时段的学习，在未来脑科学的支持下，人们对学习和认识也将更加深入，这将推动学习方式的进一步发展和变革。未来学校如果不注重脑科学研究的进展，教育效能的发挥将受到严重影响。"千年雄安，教育前行"，要想打造世界领先的教育高地，雄安学校教育必然紧跟脑科学研究的脚步，以个体化、科学性为主轴，激发学生的学习潜力和创新能力。

随着基因技术的发展，未来学校教学针对学生个性化学习，

将进入精准引导、高效服务阶段，社会所需要的创新人才、高端人才也会在这种个性化培养的过程中快速成长。《华东师范大学学报·教育科学版》2017年第5期发表的题为《人工智能与未来教育笔谈（下）》一文中有这样一段耐人寻味的表述："未来孩子出生时说不定就已进入'精准教育'的范围。从基因检测与特定开发的游戏开始，我们可以提供全新的实体与数字环境来培养孩子的习惯、爱好与特长。如果没有基因检测，预测一个未来的姚明或郎朗是困难的，也没有一个学校会为他们开放所有教育资源。但是利用基因检测及人工智能教育方法，发现与培养姚明、郎朗可能就成为教育的一部分。"文中还指出，与教育相关的人工智能技术包括语音识别、语音合成、智能阅卷、机器翻译和知识推理。人工智能与大数据、云计算结合起来，可以共同助力教育信息化进入新阶段。互联网将各种场景连接起来，云计算则提供各种资源、各种数据服务，人工智能在中间起到穿针引线的作用，学校的管理者可以对学生的学习状况进行辅助性或决策性的分析，使学校教育实现前所未有的效能最大化。

未来的雄安博奥学校、博奥高中要用先进的技术把大规模的数字化信息转换成为可以分析的结构化数据信息，再使之转变为对教育有帮助的过程化数据。同时，将人工智与大数据、云计算结合起来，共同推动教育信息化。学校的每个教师和学生都时时关注人工智能在中小学教育体系的应用，在人工智能帮助下更好开掘自身的潜能，让教师的工作和学生的学习更加高效率，拥有与时俱进的能力应对未来社会的挑战。

4. 培养学生具有终身学习的习惯和能力

著名心理学家马斯洛提出的人本主义心理学认为，人有自我实现的需要。更重要的是，这种自我实现的需要是超越性的，是人最高层次的心理机能。终身学习本身就是使人的自我价值实现从小目标到大目标的基本能力。在互联网、大数据、人工智能三者并行的时代尤其如此。但是，当人工智能发展到一定程度时，程式化的、只需要记忆和练习就能干好的技能将失去价值，因为这样的工作一定可以由机器完成。人的自身价值的实现将遇到极大的挑战。

有专家预测，很多职业将会在2050年前后消失，大量的工人失去工作，随之会派生一个新的群体，被称为"无用阶级"。那时的新岗位需要对人员进行重新培训，但严酷的事实是，不是所有的人都能被培训成功。比如，自动驾驶普遍应用后，年龄稍大的专职司机就会失业，他还能从事什么工作呢？当然软件工程师和瑜伽教练可以成为不错的选择，但受年龄、体能的限制很难成为瑜伽教练，如果自身的学历不高、学习能力不强，软件工程师更会令其望洋兴叹。因为没有能适应的工作可做，变成"无用阶级"中的一分子，这将是十分令人沮丧的悲剧。

以色列历史学家尤瓦尔·赫拉里说，未来的自动化革命不是一次历史中单一的分水岭性质的事件，而是一浪高过一浪的连续性变革式颠覆。旧的工作岗位会不断消失，新的工作岗位会出现，但新的工作岗位很快也会在改变中消失。人类为了适应这种快速变革，必须不断转型，不断升级，不断重塑自身知识结构和工作能力，以避免落入宠物一样的那个庞大的"无用阶级"。

21世纪中叶，人类会为"反无用"不断去抗争，胜利者将以智力优势跨入"有志阶级"群体。他们拥有最根本的技能，即对于复杂系统的综合分析能力、科学的决策能力、对于文化艺术的审美能力、基于情感并与他人互动的能力等，因此，有志者受到人们的普遍尊重并承担起社会机体运行的责任和使命。

"有志阶级"群体中的人所具备的基本能力，是需要从青少年时代就要培养并不断实现自我超越的学习能力。未来学校教育将立足于培养"有志阶级"群体，为了使学生具备终身学习的习惯和根本性技能，将把 6 个方面作为教学重点加以实施：一是用精准的教育方法引导学生积极挑战困难，在挑战中完善自我。二是创建虚拟与现实相结合的实践性学习环境，学生边学习边实践。三是以启发式、辅导式教学培养学生独立思考能力、独立解决问题的能力以及创新、创造能力。四是打造全时空互动式在线教育，充分利用一切资源引导学生进行深度学习。五是培养学生具备向机器学习的思维，从人工智能中吸取思路和逻辑。六是将兴趣与爱好的效能最大化，达到更深、更广的层次。步入人工智能时代的学校教育，将在 AI 技术的帮助下，让师生体现最大的自我价值，并从中得到幸福而有尊严的生活。

二、培养学生核心素质，让学生学会"以变应变式"生存

有发达国家企业家委员会提供的报告预计，未来用不了十几年内将有许多个方面的工作消失，包括出租车、邮政、造纸、固定电话、手机、信用卡、钱包、电影院、有线电视、快餐店员工、保险等。这就意味着高中毕业生在填报大学志愿的时候，反复琢磨选择什么专业，可是等到大学毕业时，这个专业可能已经没有了。面对这种瞬息万变的社会现状，学生只有具备了良好的核心素质，才能学会"以变应变式"生存。

（一）构建开放性多功能课堂，不断完善教学模型

党的十九大报告指出："建设教育强国是中华民族伟大复兴的基础工程，必须把教育事业放在优先位置，加快教育现代化，办好人民满意的教育。要全面贯彻党的教育方针，落实立德树人根本任务，发展素质教育，推进教育公平，培养德智体美全面发展的社会主义建设者和接班人。"新时代优先发展教育，使中国

教育进入核心素质教育时代，未来学校课堂建设必须符合核心素质教育要求，构建最新标准的课堂设施，打造开放性多功能课堂教学全国典范。

1. 构建"私人订制式"课堂，重点培养学生核心素质

2016 年 9 月，教育部颁发《中国学生发展核心素养》，明确教学目标是使学生具备适应终身发展和社会发展需要的品格和关键能力。学生的新核心素质培养分为文化基础、自主发展、社会参与三个维度，包括人文底蕴、科学精神、学会终身学习、健康生活、责任担当、实践创新等六大素质。从国际视角上看，重新思考人才培养目标，注重面向未来社会需要的核心素养教育，已经成为各国教育发展的共识，这从根本上动摇了传统教学结构的内在基础。现在，我国的许多中小学在这方面开展了探索性实践。

北京市十一学校以较强的力度开展选课走班制，为学生创立了 265 种学科课程、30 种综合实践课程、75 种职业考察课程。如此种类繁多的课程中，除了少数的必修课外，其余大部分是选修课程，所有课程排入每周 35 课时的正式课表，学生不仅可以选择课程，还可以选择上课时段，真正做到自主选择、一人一张课程表的个性化学习。在学生实践方面，建立了 60 个学生管理岗位、272 个社团，每个学生都可以在实践平台上将想象和设想实景化、目的化。教学也从"老师讲学生听"变成了"半天学半天玩"，每天上午学习学科课程，下午全部是专题实践活动，包括体育活动、社团选修活动等，实现了学习与活动相互融合、相互促进。

北京大学附属中学取消了传统的行政班，实行学院制教学的课程体系，将课程分为学科类、综合实践类、活动类、成长类四大门类，每个学生按照自己的课表，在不同的专业教室上课。通

过任务驱动型学习，促进自主学习探究能力的发展。

中国教育科学院"选课走班"课堂模型研究专家陈金芳，现在已经为雄安学校推行的开放式课堂建设进行教师能力培训，将全国创新实践取得的成果向雄安迁移，课堂教学已经打破固定的课时安排，跨越学科与学科之间的界限，围绕学生的真实生活建立起课程体系，形成个性化的学习支持体系，为每一个学生提供"私人订制"课堂教育，从根本上突破统一课程设置、统一课程表、统一教材、统一备课、统一教案、统一作业、统一考试的同质化教学模式，逐步向成为中小学教学变革的领航者迈进。

美国教育家杜威在谈到教育变革时曾说，"这是一种变革，这是一种革命，这是和哥白尼把天文学的中心从地球转到太阳一样的那种革命。这里，儿童变成了太阳，而教育的一切措施则围绕着他们转动，儿童是中心，教育的措施便围绕他们而组织起来"。中小学的教育变革，将以教师围绕学生——"太阳"的智能发展转动，迈向教育功能高效率和人才高质量的"双高"。

2. 立足高智能教育，构建无边界开放课堂

传统教育体系中，学校有专门的教师、专门的课程，有专门实施教育的课堂，学生在这些专门的课堂上学习；学校按年级实施的班级授课制进行教学管理。教学目的非常明确的教学活动，都是在一个用围墙围起来的学校里进行的。这种用围墙、校舍把学校与社会隔离开来的办学体系，表明学校是学生接受教育的"象牙塔"。但是，到了互联网时代、大数据时代、人工智能时代，传统学校的这种办学体系正在被颠覆，"象牙塔"正在倒塌。

2017年8月8日，光明日报的一篇报道中有这样一段话："2016年3月底，物理教师王羽有一节课，在网上被2617名学生购买，每节课单价9元，扣除20%的平台分成后，王老师这节课的薪酬高达18842元。"这说明，传统学校课堂——由固定

教师传承知识的状况正在被取代。无边界课堂将从传统学校的改造与创新中脱颖而出，成为各学校竞相追逐的新目标。

著名神经科学家、清华大学鲁白教授认为，人脑有五个方面的功能：感觉、运动、记忆、情感与情绪、认知。从认知这一点来讲分为两部分，即一般认知和高级认知。一般认知是指记忆、逻辑思维、分析、概念学习，连动物都有一般认知，机器可以做这一类事情。但是高级认知，包括语言能力、想象力、创造力等，这些是机器做不了的。显然，正是机器做不了的那些人类价值构成了学校教育存在的价值基础。

雄安博奥学校、博奥高中未来学校建设本着立足高智能化教育理念，围绕去中心化、去边界化，打破围墙、传统教室的限制，拆除学校与社会之间的"篱笆"，完善全时空教育体系建设，汇聚全国乃至全球优质教育资源，充分体现开放式、共享化的特征，使学生的学习真正实现在教师的指导下的"类淘宝网式"按需自行选择的教育模式。

3. 深化"自身认知"理论，创建情景式实验性课堂

美国加州大学心理学教授劳伦斯·巴斯劳提出了震惊心理学界的"具身认知"理论，指出人的认知是包括大脑在内的身体的认知。身体的解剖学结构、身体的活动方式、身体的感觉和运动体验决定了一个人怎样认识和看待身边的事物，人的认知是被身体及其活动方式塑造出来的。

教师作为学生认知能力培养的引导者，要通过实验、实践教学让学生在现实情境活动中掌握新知识，即使是抽象的知识也必须置于一定的情境中让学生消化理解。学校教学管理者要通过对教师实验、实践教学成果考核，进一步优化情景化教学设计，促进教师开展多种形式的情景化实验、实践教学，使学生在精心设计的学习氛围中形成努力探究未知的科学态度，学懂弄通具象、

抽象知识，促进思维的独立性和灵活性快速发展。

（1）学生在情景体验中深度内化所学知识

现代心理学研究发现，知识的储存方式不完全是以抽象概念的形式存在于人的大脑皮层，有一部分存储于身心体验中。因此，学生的学习不能仅仅依靠讲解和背诵，需要在实践中感受、理解和内化知识。这为未来学校强化实践教育提供了科学依据。传统教育模式以教材为根本，注重知识的系统传承，忽视了实践教育。未来学校教育必须坚定不移地实施"去学科中心主义"，让教育回归现实生活。很多教师在教学实践中发现，学生难以记住的抽象概念、定义，却能在生活场景的理解和应用中轻而易举地记住；有的学生不能熟记长篇累牍的经典名篇，却能在进行图文联想时将其讲述下来。实践、应用、探索是最好的学习方法。

（2）以"具身认知"理论强化情景教学的重要作用

"具身认知"强调环境对认知能力的影响，认为人的大脑嵌入身体，身体嵌入环境，三者构成了一体的认知系统。身体一旦离开了情境的作用，就无法进行交互联系。传统的课堂教学中那种教师讲学生听的方式，严重影响了学生的认知能力，所以课堂教学要创设丰富多彩的情景，让学生回归大自然，融入真实的社会环境，给学生创造充分的与环境互动的机会，更好地调动学生的视觉、听觉、味觉、嗅觉和触觉等多种感觉经验，让学生通过看、听、说、动手操作等学习方式体会到、感受到学习的趣味性，提高学生在学习时的注意力和好奇心，让学生主动地发现问题，成功地解决问题，这样不仅有利于知识的获得和应用，还能活跃课堂气氛，在师生合作、同学间合作的过程中，身体和环境实现良性互动，培养学生认知复杂事物、解决复杂问题的能力。

（3）师生在向世界开放的教育体制中激荡共生

清华大学经济管理学院院长钱颖一教授认为，未来的人工智能会让我们的教育制度下培养学生的优势荡然无存。著名计算机软件专家李开复也曾经强调："在人工智能时代，父母应该鼓励孩子，去找自己最爱、最擅长的事，而不是变成一个背书的工具，因为你背书再背也背不过机器。"迎接人工智能时代的到来，必须重新思考教育发展的新途径。未来的中小学教育，将以与外部世界保持积极的连接的做法，激发师生潜能的发挥。这里所强调的外部世界是指人类科技创新、文明进步的整个世界，包括创新企业、社区、政府机构、学校、博物馆、大自然……不断滋养处于不同教育阶段上的学生的成长，促进学生知识系统与社会系统的连接，激荡共生，良性互动。

（二）未来学校学生学习方式实现重大突破

未来中小学校的教学方法与传统教学方法不同的主要特征，将是在最新科学技术的支撑下，彻底破除旧的教学模式、方法形成的弊端。

产生于中世纪延续到现在的班级授课制强调标准、同步、统一，尽管难以照顾学生的个性差异，却为工业生产的规模化培养了大量符合特定标准的产业工人，为人类社会从农业时代进入工业时代提供了人力资源保障。但是，当人类社会进入高速发展的信息时代，传统的人才培养模式已经不再适应社会发展对人才的需求。

中小学教育必须立足《中国学生发展核心素养》，强调学生人文底蕴与科学精神的培养。

人文底蕴主要是指学生在学习、理解、运用人文领域知识和技能等方面所形成的基本能力、情感态度和价值取向。人文底蕴的培养具体包括人文素养积淀、人文情怀形成和审美情趣提高等几个方面的培养。

科学精神主要是指学生在学习、理解、运用科学知识和技能等方面所形成的价值标准、思维方式和行为表现。科学精神的培养，具体包括理性思维、批判质疑、勇于探究等几个方面基本素质的提高与锻炼。

未来的中小学校必须根据重新确定的人才培养目标，建立面向未来社会的核心素养，从根本上颠覆传统学习方法，也必须根据人文底蕴和科学精神培养的要求，提供适应学生自主学习的全新教学模式，建立充满人文关怀、体现个性差异、满足不同学生个性需求的教学结构，打破固定的课时安排，破除学科与学科间、学科本身的壁垒，围绕学生的个性化学习构建支持体系，为每一个学生提供私人订制式的教育，多种方向的创新将以放射性呈现中小学校教育变革的整体态势。

1. 通过设计学习项目进一步推动综合性学习

未来学校要注重培育、引导和激发学生内心的学习需要，在最大程度上提高学生学习的趣味性、多样性和时效性，促使他们激发内驱力从而主动学习。倡导和鼓励跨年级合作学习，高年级学生向低年级学生传授知识的过程中，自身知识得到进一步的巩固与深化，低年级学生可以快速接受比来自教师语句风格通俗易懂的知识信息。通过教师依据现代化技术、多种教学工具设计的项目学习，学生能够锻炼主动解决问题、协调合作等多种能力。

（1）跨年级项目式学习通过学科融合强化学生本领

在教师设定的现实生活情境下完成学习任务的活动中，不同年级的学生进行有组织的合作，通过不断地发现问题、分析问题、批判性思考，呈现出自己的观点或解决方案，展现具有可行性、可视性的成果，经过讨论、研究甚至是强烈的思维碰撞后形成知识信息的共建共享，学生在这种自主学习过程中学习新知识，拓展思维的宽度和广度，同时培养信息搜索、团队协作能力。学生不再是被灌输事实性知识的对象，而是学习、信息获取的主体，是项目的参与者、协调者和责任人，教师成为引导者、帮助者、倾听者。

在当前发达国家中小学教学中，项目式学习在科学技术、文学艺术等方面均迅速发展，步入了跨学科式应用型教学的前沿。在世界性教育变革的大环境趋势下，雄安中小学教育需要思考项目式学习如何给课堂教学带来突破，为学生带来新的学习理念，同时也解放教师的手脚。

（2）注重项目式学习的实操性作用

项目式学习并不是多么难的一种学习方法。比如，城市或社区要建造一座图书馆，就可以设计一个建筑项目课程——指导学生设计一所新型图书馆，吸引各年级对建筑设计感兴趣的学生加入到项目设计团队中来，在项目设计过程中学生分组开始"工作"，分别来完成前期准备，如图书馆选址、实地考察测量、造价估算、书面提案、绘图、制造模型等阶段的任务，每一阶段外请专业建筑师跟进学生进度、进行阶段性指导，并通过多维度、专业化测评给予学生实时反馈。在这个项目调研、考察、设计的进程中，学生结合自己实际生活中的经验和平时积累的知识，去完成自己所承担的工作，再通过系统性的合作完成这个项目，而阶段性任务涉及的跨学科知识，诸如几何学、统计学、材料学、绘图技能、技术报告写作等，打破了学科的单一性，更能调动学生的兴趣和探索未知领域的能力。最后形成的设计图，可以提供给市政建设部门，如果有部分内容被采纳应用，可以使学生获得成就感，增强学习兴趣，如果完全没有被采纳，也可以将市政部门的设计图、模型返给学生项目组进行深入的讨论分析，在对比之中思考优劣之处，使学生达到深度学习的目的。

这种项目式学习最重要方面就在于跨学科性和社区资源融入学生的学习。传统的开门办学模式往往局限在办讲座或娱乐性的参观。不仅次数少，还因为没有带着学习任务、未进入真实情境，更无教学设计环节沦为形式主义，根本达不到情境学习的目的，而项目式学习就弥补了传统开门办学的不足之处。

（3）学生在实践中完成学科知识融合与贯通

在教学过程中教学管理者和教师善于设计项目式学习方案，鼓励跨学科、跨年级实施项目学习，按教师所设计的项目要求完成任务，在实践中使用多个学科知识解决问题，能更好地促进理论知识向实践能力的转化。学生通过亲自实践，克服遇到的各种阻力和障碍，不仅能强化协调沟通能力和自强不息的精神，还促进了独立思考能力的形成和创新思维的发展。

积极开展趣味性强、与现实生活密切结合的项目学习，让学生在实验、实践中感受到知识、能力的重要性，学校教育教学就达到了充分利用趣味性、挑战性、激励性激发学生的学习兴趣和内在学习动机的目的，同时，学生的学习生活充满乐趣、富有生机，自然也就在知识触类旁通、解决问题的过程训练了思维能力，增长了适应社会生活的技能。

2. 教师通过主题设计，强化学生的学习深度

为了实现中小学教育现代化，要从解决现实问题入手重组教学内容，通过主题设计式教学，运用主动探究式、理解内化式的学习方式，培养学生应对复杂情境和解决实际问题的能力，彻底打破传统教学方法的局限性。倡导教师通过主题设计形成任务驱动的教学，引领学生在学习中进行深层次的信息加工，使学生在实验、实践活动中，运用与教师、专家互动方式建构和转化知识。学校为学生提供利用所学知识解决现实问题的环境条件，从而实

现有效的知识迁移和对知识的深度理解。通过手脑协调、理论与实践相结合，学生综合掌握、运用各学科的核心知识，把握学科核心思想与方法，形成积极的内在学习动机，逐渐具备优秀学习者素质。

（1）以主题设计教学拉动学生系统化知识学习

主题设计式教学需要教师围绕"核心议题"设定教学内容，引导学生利用自身的学习经验搜集资料、研究探讨、提出解决方案后再进行实际操作，使"核心议题"向纵深推进。这种教学方法使用的是课程统整的教学方式，以主题、概念为核心，将不同学科的知识和实验技能以及学生的个人经验，整合为一系列有意义的符合真实生活的学习方式，即学生一题在手，就可以通过调查研究、资料收集、问题处理达到多种知识的吸收和内化。

（2）教师设计的主题要针对社会生活焦点、热点

主题设计式教学重在以课程统整的方式打破学科分化的缺点，使学科分割的学习状态得以改善，让原本分属不同学科的知识能以融会贯通的方式形成完整的知识体系。主题式教学设计经由议题之间的关联，使学生通过弹性更大、层面更宽广的学习体验增长知识和技能。比如，结合思政课"三思而后行"的内容，教师设定了"从酒驾看遵纪守法"这样一个核心议题，教师将新近发生的酒驾事故设计成主题，让学生探讨相关法律条款、处罚规定，由处理酒架事故的警察现身说法。教师把整个议题的学习划分为三个时间段：案例分析、法律法规学习、处理结果报告写作。教师为每个时间段设置相应的问题，以此来帮助学生更好地厘清教材中的内容，同时提高自身的法治观念，提高分析报告写作水平。

（3）学生在实践中深化知识点的学习理解

主题设计式教学的目的在于激励学生自我构建系统化学习过程，在内容上要考虑学生的知识水平、兴趣爱好，在时间安排与学习资源利用方面，要以学生学习需要为核心。主题设计式教学强调核心议题的开发，学生通过多元化、多渠道信息采集管道，使学习素材以层层累积的形式得以利用，除利用学校的图书馆、网络平台等资源，还要到现实生活场景中体验。针对"从酒驾看遵纪守法"这个核心议题，学生需要到马路上看交警执法，从实践中加深对相关法律的理解和认知，从而起到触动心灵、深化课程学习效果的作用。

主题设计教学的系统性、整合性体现在核心议题来自真实的生活，学生在学习的过程中不只是利用单一学科的单一概念去思考问题，要利用知识间及知识与经验间的关联进行综合分析、研究、处理相关问题，使知识掌握体现出广泛性和深入性。

3. 构建"学习者模型"，对学习内容精准推送

在互联网、人工智能和大数据的支持下，教师可以通过科学测评了解学生的潜质特性，寻找最适宜的学习方式，也通过运用"学习者模型"对学生进行精确画像，采用精准匹配教学资源方式满足他们的个性化学习需求。从认知发展角度描述学生的学习过程，并以此为依据构建精准的"学习者模型"，用于教师了解学生的特征以及对学生进行数字化建模。

"学习者模型"构建要素涉及认知、能力、体验三个方面，包括前概念要素、科学概念要素、认知能力要素、元认知能力要素、感官要素等，只有在各要素齐备、准确的情况下，才能建立并描述各要素间关系，建立起反映学生个体真实情况的"学习者模型"。依据该模型，教师能够诊断学生的具体认知状态、相关前概念与能力缺失，分析其原因及推荐相应学习资源与学习路

径，进而提高教学体系对学生学习状态的准确诊断，发挥信息快速反馈的作用。

"学习者模型"通常分为4种类型：知识模型、认知模型、情感模型、学习行为模型。构建知识模型的目的是将学生掌握的基本知识与专家拥有的高深知识进行比较，判断学生所掌握知识的正确程度，了解学生的知识结构。构建认知模型的目的是将学生认知能力、认知策略等因素综合起来，反应学生对信息进行加工整合的能力水平。构建情感模型的目的是正确反应、评价学生在学习过程中的情绪、感受或态度。构建学习行为模型的目的是描述学生对外界信息进行外显性问题进行分析研究、实际操作的能力。通过4种模型的构建与应用，掌握学生的学习行为、认知因素、情感等相互间的联系与影响。

运用科技手段构建每个学生的"学习者模型"后，教师准确判断学生对当前学习内容的掌握程度，及时推送相应内容，选择适当的媒体进行有效呈现，对学习资源进行排序，并提供不同的学习路径。"学习者模型"是对学生学习能力的透视，充分发挥出导向作用与知识对接效应，教师也能帮助学生积极主动地投入到学习过程中去，开展更深层次的学习。

4. 推进基于证据的智慧学习，推升学生学习效率

在世界性教育变革的背景下，"学习革命"早已经不再是一个口号，随着学习概念的演变，学生的学习活动越来越把信息技术作为构建知识的"脚手架"，助力学生在学习的过程中生成新思想、创造新知识。

学生在信息技术支持下的学习，是建立在丰富的客观数据基础上的学习。有专家指出，未来学生的学习是对一个共同体有价值的思想持续改进和生产，从而深思熟虑地增加社会的文化资本；学生在不断进行自我解释和与他人交互解释中建构知识；在

借助互联网、大数据、人工智能技术进行讨论式学习的基础上，实现各学科知识的协调与合作学习方式的构建，学生在对专家高深知识进行共享时掌握新知识。由此可见，这种观点为基于证据学习这种方法进行了最为恰当的解读，也提供了最有力的支撑。

（1）信息时代，基于证据的学习方式有助于训练科学思维

学生在基于证据的学习过程中，学习结果成为学习过程的证据，为了拿到这些具有实质性、结论性的"证据"，学生学习的过程必须要以外在的形式得以表现，并在由外在到内在转化的过程中完成知识迁移。因此，教师在设计教学过程时给学生提供一些可外化的表现任务，这个"任务"与学生学习的知识、技能密切相关；教师也可以让学生参与这些"任务"的设计。比如，教师和学生一起设定"证明酸碱中和生成盐"的过程测定。让学生通过实验寻找证据来判断酸碱中和反应是否发生，让学生自主选择药品和实验仪器后做出实验方案，根据实验现象寻找证据来判断酸碱是否反应并生成新的物质，从而得出实验温度、颜色变化、数量统计方面的结论并形成实验报告。

（2）在基于证据的学习过程中探求未知领域

基于证据的学习强调学生对问题、过程的主动构建，亲自动手完成操作过程。这种学习方式有助于培养独力思考能力和创新能力。在整个学习过程中，学生为了呈现所希望的学习结果，必须开动想象力、联想力并亲自通过实验、实践来完成。在这样的学习过程中，学生会获得和运用已经掌握的知识和探索新知识，独立地分析探讨问题，为得到正确的结论还要去质疑前人的结论并有所发现。学生在学习过程中获得创造的成就感，并激发挑战他人成果的欲望，这就为创造性思维形成、发展提供了重要的基础。

基于证据的学习方法可以为学生创新能力的发展提供更加多

元化的途径，为探索新的知识领域，进行一些力所能及的发明或对原有事物尝试创新型改变，以求得有优异的成果可以展示。从这个角度而言，基于证据的学习对于培养学生实践能力和综合能力发挥着传统教学模式所不具备的重要功能。

（3）学生在获得证据的过程中完成新知识构建

未来学校的学习必定是以学生为中心的学习，也是基于项目设计、问题导向性的学习，学生在学习过程中必定要基于证据作出相关的分析和决策。比如，学生通过与教师一起设定问题、设计解决路径、对解决方案进行修改和调整，利用批判性思维形成最佳解决方案，全过程以项目、问题为核心，以项目完成和问题解决或取得进展为最终目的。由于基于证据的学习经常需要学生采用探究式、小组合作式进行学习，强调学生的亲身实践，加强学生与学生、学生与教师、学生与现实环境之间的互动，让学生在社会交流和自主探索中进行新知识的建构。在这样的过程中，学生是解决问题的核心人员，是团队活动的组织者和协调者，主观能动性能得到充分发挥。

基于证据的学习，学生要预先组织学习内容，解决问题的方式方法也具有多样性的特点，教师要适时跟进学生的需求，根据学习进程的深入进行灵活调控，有效避免经验主义的影响，防止证据获得过程或证据本身出现失误。在移动通信技术蓬勃发展、互联网学习终端设备日益普及的条件下，基于证据的学习有了技术设备和信息资源的保证。教师要对种类繁多、分散无序的学习资源进行整合，使学生基于证据的学习能有序开展并达到效能的最大化。

5. 突破教育的"象牙塔"实现学习无边界

未来中小学教育要想打破传统的课堂教学模式，需要构建分层分类的课程体系，为学生开展选课走班学习、移动终端学习、虚拟空间学习打通多种路径。更需要破除学科的固有界限，以现实焦点问题、热点问题为核心进行学习内容重组，通过多元化的学习资源整合，实现按学生个性化发展需要构建学习内容。针对学生不同的知识结构、个性特征、心理倾向、接受能力、学科优势实施分层、分类教学，学生选择适合自身条件的课程走班学习。这就要求学校打破45分钟的固定课时安排，灵活设置长短课、大小课和阶段性综合课程，形成以主动探索、体验和实验、创意和创作并举为特征的新型学习方式。

瑞典有一所学校，为了方便学生的自主学习进行了开放式、多样化的学习空间设计，为每一个学生创设个性化的学习体验。教室的外面是一个涂鸦墙，每个学生都可以在这个墙上涂涂画画。这里还是一个非正式的讨论区，每个学生都可以来到这个地方，进行非正式的交流和社会化的学习。教师在讲解一个知识点时，学生会围坐成一圈听讲，听完教师的讲解后就变换了座位，开始分小组讨论，针对某个问题进行组内研讨，讨论完以后再采用他们认为合适的方式进行与教师交流和沟通，提出新的见解。教师的讲台是可以移动的，可以根据教学的需要、学生的学习方式的变化进行调整。这只是适应学生自主学习的一种环境改变，而使学生学习社会化的做法则更加多种多样，但是教师的思想行为核心永远不变，就是以学生学习效果的最大化调整教学方式方法。

雄安博奥学校、博奥高中的教育需要构建开放的学习组织系统，建立与现实社会、时空环境的广泛联系，充分利用各种社会资源为学生提供情景学习的条件，把所在社区多元化的社会环境变成学生成长的大课堂。将学生的知识学习与社会实践、社区服务、研学旅行、国际交流等结合起来，将真实情景学习扩展到校园之外各种各样的场域，包括科技馆、博物馆、社区、田野、大自然、高端技术企业、研究院（所）等。即便这些场所并不是专为学生的学习而构建的，但却具备前沿知识元素和高端科学技术，能够在学校教育与现实生活之间建立实质性的联系，帮助学生开展建构新知识、成就自我发展的实践性行为，真正在客观层面实现学习方式的突破性改变。

（三）构建超能教师队伍，应对人工智能带来的挑战

联合国教科文组织 2016 年发布的报告《反思教育：向"全球共同利益"的理念转变》，以时代变化、社会变革、教育变革的关联为起点，提出了与未来教育变革相关的新定义、新格局与新挑战，重新定义了知识、学习与教育的内涵，提出"将知识广泛地理解为通过学习获得的信息、认识、技能、价值观和态度"。学习是获得这种新概念下的"知识"的过程，教育可以理解为有计划、有意识、有目的和有组织的学习。

联合国教科文组织在这个报告中，对知识、学习与教育的新定义，从两个方面颠覆了人们对传统学校教育的定义：首先表现在将学校教育从传统的教师教学中心转向为学生的学习中心，教师的工作必须服务于学生的学习。从实质上说，学校教育过程就是组织和帮助学生学习的过程。其次是学校教育的价值重心，从传统的知识中心转向以学生全面发展为中心，学生在学习过程中不仅要获得知识，更重要的是获得技能、价值观和态度，等等。这一点似乎又回到中国教育提倡的德、智、体全面发展的根本意义上，而不是过分地强调"智"这一个方面。

联合国教科文组织对知识、学习和教育的重新定义，不仅颠覆了人们对传统的学校教育模式的认知，而且带动了学校教育组织形态的大变革。"去教师中心化"是动摇传统教育根基的一种认知。日本学者佐藤学先生认为，"课业研究"的中心不是研究教师怎么教课，而是以学生的学习方式来改进教师的工作方法。不是研究教的技巧，而是研究学生怎么学的技巧。这种教育重心

的"翻转"导致教师责任定位也要有一个实质上的"翻转"。

随着新教育方式的产生,教师成为将学生的学习与世界连接的策划师。随着课堂越来越开放,以至于无边界化,教学的形式越来越多元化,层次也越来越高,教师不仅要拥有综合学科知识的能力,还要有整合教学资源的能力。这种动态性的能力需求,对教师的挑战会越来越大。教师必须能做到把所处社会以及全球最好的教育资源引向学生。这一点是未来学校教育体系中,教师必须去认真思考、努力探索研究的终身课题。

1. 根据未来教师需要,不断强化"五商"水平

纵观世界文明演进的历程,人类社会的每一次教育革命,都是对人类社会生产力的解放。未来学校的教师职责,本质上不再是传承知识,而是培养学生的创造型人格、健康的情感和适应社会需要的技能。教师需要具备高水平的"五商",即智商、情商、爱商、数商(与大数据有关)、信商(与信息时代有关)。

智商对于教师的能力水平一向非常重要,只是未来学校要求教师的高智商不等于知识的储存能力,而在于知识的应用与创新能力,能够在整合各种教育资源中发挥智力优势。

情商是一个人心理状态的总和,是每个人都具备的非智力因素。教师要引导学生树立正确的世界观、人生观、价值观,培养学生具备良好的心理素质,必须具有较高的情商,适应学生在德智体三个方面健康成长的要求。教师能真诚地面对学生,体会他们细微的变化,给他们成长的力量,让他们有勇气做最好的自己。

爱商是指爱的商数,包含爱心商数、恋爱商数、同情心商数、情感商数。爱商最早由美国心理学家提出,接着在欧洲乃至全世界开始流行。爱商这种本领,虽出于人之本能,却容易被淹没在各种利益的漩涡里。面向未来,教师要格外注重自身爱商的训练与发掘,在履行职责时输出真诚持久的爱,带给学生爱的信念、

爱的动力、爱的价值、爱的回馈。

数商是指人的数据素养，即对数据的认识、理解、应用及效果的综合评价。互联网、大数据、人工智能技术在未来学校教育中的广泛应用，需要教师具备较高的数商，不仅要学会分析数据信息，还要同时具备对数据信息的质疑、解析、应用能力。尤其在以项目、问题为导向的教学，学生基于证据学习的过程中，需要教师具有较强的数据素养和数据处理能力。

信商是指信用商数或指数，用来衡量人的信用度。高信商意味着具有较强的道德认知能力、道德情感能力、道德意志能力和道德行为能力。未来社会的发展需要具有高信商的人才，教师要培养学生理性自制，做到诚实做人、诚信做事，教师本人更需要以诚信立德、立身、立业。

关于未来学校的教师职业前景分析，现在存在两种观点：一种是70%的教师将被人工智能取代，另一种是真正意义的教师决不会被人工智能取代。其实，这两种观点都正确，学校教育中那部分简单的、程序化的工作肯定要被人工智能取代，这一定会导致教师数量的大幅度减少。但是，有能力管理人工智能、统御各种教育资源、适时跟进学生的学习需要，整合、推送学习资源的教师决不会被人工智能取代，只是对在职教师的要求非常之高。因此，教师必须是终身学习者，不断强化"五商"。也只有具有这样的超高能力，才是未来学校教育的需要者。

2. 实现教师授业能力的多元化和系统化

在传统教学模式中学生所有的学习都是为明天做准备，也就是说学校开展的是预备型教学。随着科学技术的快速发展，每个人未来的工作和生活都存在很大的不确定性，不可能今天所学的知识在未来还有更大的使用空间，学校教育要从预备型教学转变为即时性教学。这种办学目的的转变，使学生的学习结果以"作品"或"产品"的形式呈现，学生的学习过程要以现实问题为驱动，学生学习的重点内容应以发现和解决一个有价值的、待解决的现实问题为目的。

教学目的的改变，要求教师不仅要具备专业水准，还要具备发现、解决现实问题的能力。未来教师职业操守包括：善于学习和思考；善于交流和反思；善于发现和质疑，并具有较强的行动力和执行力。为此，教师除了具有较高的专业能力，还要有充分的教育学、脑科学、心理学、生理学、社会学、逻辑学、语言学、成功学等诸多学科的理论准备，善于理论与实践相结合，在教学活动中能成功地融入人格品质和个性化教学风格。

面对日新月异的社会变化，面对信息技术的广泛应用，师生的双向交流、与相关领域的多向交流将成为主要趋势。学生既是知识的接受者，也是知识的创造者，教学活动既有知识的传递过程，也是新知识的创造、创新过程，在这种良性的互动中推动新知识的发现和产生，实现师生共同进步、共同成长。教师的不断学习将成为伴随一生的基本生活方式，成为一种人生的永久性体验。而不断增强学习的内驱力，自觉改进学习方法，将成为一名称职教师的必备素质与习惯性行为。

3. 提高教师运用先进教育技术的能力

教育进入"人＋机器"时代，意味着互联网、物联网和人工智能技术在教育领域的全面应用。《中国未来学校2.0：概念框架》指出，"未来课堂得益于信息技术的有力支撑，在信息技术与教育教学深度高质融合的前提下，可以开展更为开放的情境式、探究式教学，鼓励小组合作学习，并通过移动终端加强教师与学生的实时交流与课堂反馈，以推动教学效果的提高。"教师从主讲者转变为组织者和辅导者，从"独唱者"成为"伴奏者"，进而成为学生学习的促进者。运用信息技术进行教学，教师不再把单纯的知识传递作为教学的主要任务，而是把学生端正学习态度、掌握深度学习方法以及较高的知识迁移能力作为教学的主要任务。教师在应用现代化教育技术的过程促进学生获取知识的过程更加高效，才能真正担当起学习促进者的角色。

当前社会处在"互联网+"时代，教师不仅从普通话、粉笔字、简笔画的"老三样"转变为使用二维码、应用APP以及设计制作微课的"新三样"。虚拟空间也应用于抽象化教育内容中，展现了非常明显的优势。对于一些抽象性强的内容，教师要能够积极借助于虚拟空间构建起生动的、直观的场景。教师可以组织相关专家参与到学生在虚拟场景的学习中去，使学生充分感受到真实情景中的演绎和解读。学生在虚拟的真实环境中学习，教师要充分发挥引导者角色，能够引导学生进行有效的学习和交流，以促进学生思维能力的发展。

教师掌握现代信息技术才能做好立体化空间的交互应用管理工作，通过自己的管理充分发挥立体化学习空间的作用和价值。做到保持内容的在线状态，设置特定的师生交互过程，并且通过交互过程吸引每一个学生的注意力，更好地在立体化空间中进行学习。利用立体化学习空间激发学生交流的欲望，使学生能借助于所有教育资源实现有效的合作学习。

4. 以分层、分学程教学推升教师的学科综合能力

在教育新常态的背景下，由于及时性教学目的使然，教师与学生之间构成两种生命的交融与渗透，教师能力的提高是在师生共同成长的过程中来完成的。值得注意的是，分层教学是教学面对学生取得良好学习效果的重要方法。教师在教学分层后，各个环节的研究、分析、管理、整合、评价的过程就是能力提高的过程。因此，教师要深刻领会分层教学的基本思路、分层操作的步骤和适应各种变化的方法，注重各个环节之间的联系及相互间影

响，及时调控、改进教学方法。

分层教学的优势在于体现教学的针对性。使学习基础较扎实的学生不必要将精力浪费在简单的知识重复上，能更快地进步，增强自学能力，在知识的掌握上脱颖而出；对于基础能力一般的学生，可提高思维能力、学习兴趣，部分学生向着高的层次转化；对于学习基础较差、学习能力一般或中下的学生，通过分层教学，给予他们更多的关怀和个别化的辅导，提高他们的听课兴趣，使他们对基础知识掌握、学科成绩向达到教学标准转变。

分层教学的过程中，教师要充分尊重学生，不要把学生当作一个简单的认知体，而要把学生看作一个有自主意识、个性化行为、智力不断发展的生命体，在认真分析学生学习能力与个性特征差异的基础上开展有计划、有目的、有针对性的教学活动。同时，教师也在学生成长和发展中来提高教学质量和实现自身价值。

5. 培训"多功能"教师，适应动态教学的需要

新高考制度以选考代替文理分科，给学生提供多达 20 种选择组合。选科组合的增多和学生选科的不确定性，使得学校必然得全面推进学生选课走班教学，对课程开发、学科教师配备、学生管理模式等都提出全方位挑战。而选课走班制，将每位教师都推到了教育改革的前台。为了应对教学模式变革带来的挑战，每位教师都要寻找新的发展与成长路径。教师在教学过程中不仅要关注学生的学业进步，还要关注学生的情绪和情感、心理和身体、目标和方向，学科教师不能将育人、教学并重便无法完成教学任务。在旧的教学模式中，学科教师遇到学习态度、学业进步方面存在严重问题的学生，经过多次帮助教育没有取得成效后，通常会告知班主任。但是实行选课走班制后，取消了行政班和班主任，学科教师在教学中遇到的任何问题都送不出去了，必须自己尝试

解决。教师必须调动情商和爱商关心爱护学生，运用心理学技巧了解学生的内心世界，分析每个学生存在学业、成长困惑的原因，以多种方法施教并力图取得显著成效。

传统教学模式中的一门课程，实行新的教学模式后按学生的发展方向和学习基础形成了多门课程。例如，有的学校将初中一年级的数学分为数学一、数学二、数学三不同级别的三个层次；语文也分为现代文阅读、文言文阅读、记叙文写作、议论文写作等不同学段的课程。这种课程的丰富性和多样性也对教师的教学方法提出了挑战。教师要挖掘本学科的教学方法，发挥本学科的独特价值，也要注重学生人格素质的培养，实施教育、教学并重的方针，在本学科教学活动中及时发现学生的闪光点和兴趣点，给予鼓励支持和指导帮助，培养学生的自信心和不断更新自我的能力。针对学生身上存在的问题及时给予批评、引导和惩戒。

教师要帮助学生规划人生目标，寻找未来的学业方面。考试不只是学生达到什么水平的检验，还是发现学生存在问题的诊断方法，教师在诊断学生的同时促进自身能力的发展。只有以较强的综合素质面对各种挑战，教师才能快速适应变革中的教育教学新常态。

参考文献

[1] 薛二勇等.中国教育改革回溯与前瞻——改革开放以来中国教育政策的变迁与趋势 [M].武汉：湖北教育出版社，2018.

[2] 夏青峰，任炜东.启程：北京中学基于课程改革的育人模式创新研究：全2册 [M].北京：北京教育出版社，2017.

[3] 王小琼.立体的北京：北京四中多学科融合视角下的研究性学习 [M].北京：北京教育出版社，2017.

[4] 李永.轻松掌握翻转课堂 [M].北京：清华大学出版社，2018.

[5] 王春易等.选课走班100问 [M].北京：中国人民大学出版社，2018.

[6] 陈金芳.选课走班：新时代中小学教改实践的必然选择 [M].济南：明天出版社，2018.

[7] 荣艳红等.瞧！美国中小学教育有绝招 [M].北京：科学出版社，2018.

[8][美]乔纳森·伯格曼，翻转课堂与深度学习：人工智能时代，以学生为中心的智慧教学 [M].杨洋译.北京：中国青年出版社，2018.

[9][美]海伦·帕克赫斯特，道尔顿教育计划 [M].陈金芳，赵钰琳译.北京：北京大学出版社，2005.

[10][美]托马斯·阿姆斯特朗，吁思敏、卢小蕾译.激发中学生脑的力量：适于脑的8种教学策略 [M].北京：中国轻工业出版社，2018.

[11] 杨志成.教育走向未来 [M].北京：北京教育出版社，2017.

附　录

一、翻转课堂教学案例

（一）《二元一次不等式组与平面区域》教学案例

雄安博奥高中数学组　肖丽颖

传统的教学模式下数学教师整节课都在教授知识，学生整节课都在听课，但实际教学效果却并不尽如人意。究其原因，并不是教师讲解不到位，也不是学生不认真学习，而是学生的数学基础知识储备不够、听讲时思维中断以及缺乏有效的学习方法。本次翻转课堂教学，利用现代化的教学设备与信息技术，有效解决了教师整堂课讲解、学生课后练习模式的弊端，促进了高中数学教学质量的提高。

【课前活动】

导学案自学，微课助学：利用导学案与微课，完成预习，探究并总结确定二元一次不等式（组）表示的平面区域的方法。

课前活动是基础环节，是学生对教学内容的初步掌握。教师需要为学生准备好学习资源、提出任务，学生则要根据学习资料自主学习，实现传统教学模式下课堂知识的学习。学生在预习过程中遇到问题可以自己搜索相关资料，也可以通过小组讨论互助解决。相应的难点教师也会配有微课，微课视频可以下载。教师可以根据学生的实际情况与教学目标自己设计视频，视频力求画

附
录

面简洁清晰，把重难点知识纳入视频并配有解说图，帮助学生加深知识的记忆与理解。同时视频具有暂停、回放的优点，学生可以自主调节学习进度。

【课堂部分】

1. 情景引入

一家银行的信贷部计划年初投入 2500 万元用于企业和个人贷款，希望这笔资金至少带来 300 万元的收益，其中从企业贷款中获益 12%，从个人贷款中获益 10%，那么信贷部应该如何分配资金呢？

（建立二元一次不等式模型，把实际问题 $\xrightarrow{\text{转化}}$ 数学问题）

设用于企业贷款的资金为 x 元，用于个人贷款的资金为 y 元

（把文字语言 $\xrightarrow{\text{转化}}$ 符号语言）

资金总数为 2500 万元 $\Rightarrow x+y \leq 2500$ 　　　（1）

企业贷款获益 12%，个人贷款获益 10%，共创收 300 万元以上

$\Rightarrow 12x+10y \geq 300$ 　　　　　　　　（2）

用于企业和个人贷款的资金数额都不能是负值 $\Rightarrow x \geq 0$，$y \geq 0$ 　　　　　　　　　　　　　　（3）

将（1）（2）（3）组合在一起，得到分配资金应满足的条件

$$\begin{cases} x+y \leq 2500 \\ 12x+10y \geq 300 \\ x \geq 0,\ y \geq 0 \end{cases}$$ 　　　　（4）

创设基于实际，有助于学生感受数学问题，产生求知欲，同时这个情景的创设也旨在培养学生建模的思想。

2. 巩固新知

问题 1：平面内的一条直线 $Ax+By+C=0$ 把整个平面区域分成几部分？

问题 2：点（1，2）是否在不等式组 $\begin{cases} x+y>0 \\ 3x-y<1 \end{cases}$ 所表示的平面区域内？

问题 3：原点与点（-1，1）在直线 $x+y-1=0$ 的 _____（同侧或异侧）。

通过对以上 3 个问题的讨论，一方面可以巩固新知，同时可以加深对知识的理解，能将知识有效地运用于实际。

3. 合作探究

任务：画出情景引入中列出的不等式组（4）表示的平面区域。

第一步：将自己总结的确定二元一次不等式组的方法在小组内进行交流讨论，在小组内达成共识。

第二步：每组按照达成共识的方法，完成上面的任务，检验自己的方法是否可行，同时在实际运用中也可对方法进行修改。

第三步：完成后以小组为单位上传方法及答案，学生可以通过互阅功能查看到其他组上传的方法与答案。

归纳总结：画二元一次不等式组表示的平面区域常采用"直线定界，特殊点定域"的方法。特殊地，当 $C \neq 0$ 时，常把原点作为特殊点。

学生分组讨论解答，增加学生的互动与参与度。通过创设的问题学习以及团队学习比传统教育模式中的讲座与阅读更有利于理解，并且团队学习能够在最短的时间内完成最大的理解度，实现班级大部分学生的学习需求。翻转课堂的构建正是基于团队学习模式，使学生有更多课堂学习的时间，完成对知识的理解与知识的自我建构。小组讨论完毕后对问题解决情况进行汇报，其他学生可以提出相关问题进行再次讨论，也可以对问题进行评价与补充。教师最后进行总结、补充完善，引导学生从浅层次学习过度到深层次学习，实现感性认知到理性认知的升华。

附录

4. 实战练兵

课堂小测：对当堂知识进行检测，查缺补漏。

能力拓展：此部分属于分层练习，学生根据自己的实际情况选做。

【课后反思】

让所有学生都有事可做，让所有学生都"动"起来、"忙"起来，既能让优等生"吃饱"，又能让后进生"吃了"，从而实现教学效益的最大化。

翻转课堂以提高学习兴趣和学习效率为目的，让学生掌握了学习主动权，将"要我学"变为"我要学"，是大力提高学生学习成果的有效途径，是真正的教学变革。翻转课堂可以充分发挥教师的主导作用和学生的主体作用。在翻转课堂与传统教学的比较过程中，翻转课堂对于高中低年级学生自主学习以及创新思维能力的锻炼为其日后的学习、工作奠定了基础。

（二）"翻转课堂"在高中物理课堂中的应用——以《宇宙航行》知识讲解为例

雄安博奥中学物理组　向倩

【设计意图】

该案例以"万有引力定律与航天"为主题，利用现代化信息技术手段设计相关学习活动，体现了物理学习与现代信息技术的深度融合和学生学习方式的变化。活动的目的是引导学生将所学的牛顿运动规律与现代科技前沿联系起来，通过观看视频、讨论交流、推理论证等过程，从运动与相互作用的角度探索卫星发射和运行的规律，应用万有引力定律和圆周运动规律，建立航天器发射和运行的模型。培养学生自主学习、自主探究的能力。

【翻转课堂在本节课中的体现】

翻转课堂颠覆了传统的物理教学模式，将基础知识的获取让学生自主完成，课堂上主要采取互动教学的方式完成知识"吸收"和"内化"的过程，从而实现学生为主体的个性化学习（这体现了"道尔顿教育"思想）。整体分为课前预习——"小微课"、课堂讨论——问题引领、课堂精讲——典例分析、课堂作业——自我检测。翻转课堂教学模式下"知识传授"主要是指在课前教师通过现代化信息技术辅助教学目标的制定及教学方案的生成，而"知识内化"主要是学生课前产生的疑问在课堂上经过教师的指导与启发完成知识的吸收。

【探究过程】

1. "微课助学"

翻转课堂主要是将教学内容以视频的形式呈递给学生，在课前通过教学视频让学生了解与熟悉教学内容，并完成《导学案》。教学视频的来源可以从教育资源网站上下载与选取，还可出任课老师亲手制作。《宇宙航行》知识视频来源于乐乐课堂，在课前将所需的视频下载后传阅到码课①并推送给学生，学生通过预习课本后观看"微课"，填写《宇宙航行》导学案（导学案以电子档的形式在码课中出现），并拍照上传，教师通过学生填写的知识点的情况，作出相应问题的提出。

2. 巩固新知，交流释疑

教师通过后台数据了解学生自学情况，在课堂上提出几个简单的问题以巩固学生所学。

---

①码课，通过扫二维码上课。学生扫码后，课程讲解视频就呈现在移动终端设备上进行播放，边看边学。

附录

问题1：第一、二、三宇宙速度的定义？

宇宙速度	大小	意义
第一宇宙速度		
第二宇宙速度		
第三宇宙速度		

问题2：什么是发射速度，什么是运行速度？

问题3：同步卫星有哪些特点？

通过设置这些问题帮助学生有效回顾教学内容。

3. 自主合作探究在翻转课堂教学中的应用——问题引领

在高中物理课堂教学中，单靠视频教学是远远不够的，不仅要尊重学生在学习中的主体地位，而且要培养他们的学习能力，引导学生进行自主合作探究学习。只有这样才能提高翻转课堂教学的成效，实现全体学生的共同进步。

学生提出的问题及解决方法如下。

问题1：物体抛出的初速度多大就可以成为一颗人造卫星？还有其他方法来推导第一宇宙速度吗？

方法：学生自主完成第一宇宙速度的推导，然后分组讨论、自主探究第一宇宙速度另一求解方法。

问题2：自主探究发射到太空的人造卫星其线速度、角速度和周期与运动轨道半径的关系？

方法：学生可以推导出线速度 $v = \sqrt{\dfrac{GM}{r}}$、角速度 $w = \sqrt{\dfrac{GM}{r^3}}$、

周期 $T = 2\pi\sqrt{\dfrac{r^3}{GM}}$，加速度 $a = \dfrac{GM}{r^2}$，从而引导学生总结线速度，角速度，周期随着轨道半径的变化规律。

问题3：发射速度与运行速度的区别？

方法：通过自主学习掌握发射速度随着轨道半径的变化规

律、运行速度随轨道的变化规律的知识。

	线速度大小	轨道半径 r 增大	区别
发射速度			
运行速度			

小结：通过自主探究，教师可以进入这一课时的重难点学习，让学生自行总结。在与其他同学讨论、探究的过程中，启发了学生的思维，引导他们独立自主地思考问题，有效培养了学生的逻辑思维能力，并加深了对教学内容的理解与把握，进而提高了物理课堂教学效率。

4. 型例题分析，提炼方法

教师在码课里推送典型例题，和学生一起交流讨论完成。例如：如图所示，在地球同一轨道平面上的三颗不同的人造卫星，关于各物理量的关系，下列说法正确的是（　　）

A. 根据 $v=\sqrt{gR}$，可知三颗卫星的线速度 $v_A < v_B < v_C$

B. 三颗卫星的向心加速度 $a_A > a_B > a_C$

C. 三颗卫星的角速度 $w_A < w_B < w_C$

D. 根据万有引力定律，可知三颗卫星受到的万有引力 $F_A > F_B > F_C$

5. 课堂检测——限时训练

课前教师已经提前将所选训练习题上传到码课，到这一环节时教师直接推送任务到学生平板上，学生就在有限时间完成习题，教师可以第一时间拿到学生做题的情况反馈，从而可以有的放矢地讲解学生错误率比较高的习题，从而提高在课堂上解决问题的

附录

效率。

在掌握相关知识后，及时布置相关习题练习，巩固课堂效果，并让学生以小组的形式，汇报总结自己的学习认识，最后教师总结归纳，并在码课里推送相关课程的扩展资料，以供学生开拓眼界。

【课下作业】

1. 上网查询嫦娥系列绕月飞行的信息，了解它们各自的任务及对我国航天事业的贡献。

2. 完成物理资料上的课后习题。

【翻转课堂在教学中的优势与不足】

1. 翻转课堂在教学实践中的优势：（1）可以将难以理解的知识点通过"小视频"多看几遍，不会跟不上，课堂上可以留更多时间去解决自己预习时碰到的问题；（2）提高了学生课堂的参与度，让学生的积极性增加，课堂活跃度提高，从而提高了课堂的"有效性"；（3）培养了学生自主学习的能力，提高学生自己总结问题以及知识点的能力，从而使学生听课时的重难点突出。

2. 翻转课堂在教学实践中的不足：（1）不同学生的自主学习能力不同，对基础掌握的扎实度不同；（2）课后花费学生时长多，这个问题在后期中已经改为课堂上实施；但是讲课速度相对较快，一些后进生有点吃力。

通过学生的反馈，我们在后期的教学中会根据教学内容的难易程度相应变换"翻转课堂"的平板使用，从而保证课堂的时效性，提高学习效率。

（三）《化学能与电能》第一课时教学案例

博奥高中化学组　王文静

在旧的教育体制下，教师在课堂上扮演"独唱演员"的身份，而学生多数在被动中学习。本次课堂的设计强调学生的主动发展，旨在培养学生的创新精神与实践能力。在活动设计过程中让学生将自主学习、合作学习和探究式学习相结合。把传统的教学变导学，以学生为中心，让学生在全部的教学过程中，都处于主动参与、主动探索的自主状态，充分发挥学生自主学习能力和创新精神，从而实现让学习在课堂真实、有效的情境中发生。

课堂设计的背景：化学能与电能的转换——原电池是高中教学中的重点知识，具有重要的实际意义及重要应用。本节教学上充分运用导学案自学下的问题引领式教学方式，继而结合"自学、释疑、合作、探究"环节，从而实现现在课堂师生角色的转变。

【活动一：导学案自学】

本部分属于课前自学部分：包括导学案自学、微课助学。在课前准备柠檬电池展示给学生。问："为什么利用锌片、铜片和一个柠檬就能使小灯泡亮起来呢？"通过简单小实验，激发学生的兴趣和学生自主学习的欲望，学生通过课本预习并不能解决学生心中的疑问，此时教师在课前利用电子设备（如平板电脑）进行原电池工作原理小微课的推送，进一步帮助学生自学。学生结合课本及微课对原理进行探究，并完成导学案，用时15-20分钟。

设计意图：课前预习，导学案自学旨在培养学生自学习惯和自学能力，有效提高学生独立思考的能力。通过自学使课堂结构得到优化，同时使学生获得课堂学习的主动权。学生在预习时肯定会遇到自己的疑惑，带着疑问听课大大集中了学生的注意力。学生在预习中基本了解了原电池的工作原理：负极失电子经导线移向正极，正极得电子；离子在溶液中，阴离子移向负极，阳离子移向正极。通过电子的定向移动形成电流。

【活动二：交流释疑】

学生自主完成导学案并自主思考了柠檬电池工作的原理，课前第一步进行分享自学成果，并提出自己的疑问，互相交流。为

附录

了进一步探究柠檬电池工作的原因，老师引导学生将稀 H_2SO_4 代替柠檬进行原电池原理探究的实验：

实验操作	实验现象
1. 将 Cu 片插入稀 H_2SO_4 中	
2. 将 Zn 片插入稀 H_2SO_4 中	
3. Zn 片和 Cu 片用导线连接（中间接电流表）插入稀 H_2SO_4 中	

1.学生动手实验，并记录现象

实验操名	实验现象
1.将 Cu 片插入稀 H_2SO_4 中	铜片无明显现象
2.将 Zn 片插入稀 H_2SO_4 中	锌片上有气泡
3.Zn 片和 Cu 片用导线连接（中间接电流表）插入稀 H_2SO_4 中	锌片上无气泡，铜片上有气泡，电流表指针发生偏转。

2.在学生完成实验后，老师引导学生一起分析原电池工作的原理

电极材料	电极反应及反应类型
Zn 片	$Zn-2e^- = Zn^{2+}$（氧化反应）负极
Cu 片	$2H^+ + 2e^- = H_2 \uparrow$（还原反应）正极
总的离子反应式：$2H^+ + Zn = Zn^{2+} + H_2 \uparrow$	
电子流向：Zn → Cu	电流流向：Cu → Zn
溶液中离子流向：阳离子移向正极，阴离子移向负极。	

透过现象看本质，通过分析总结铜锌原电池的微观原理，最终学生明白：柠檬电池形成的原因是有一个自发的氧化还原反应。

设计意图：让学生自己动手操作，观察实验现象，分析现象本质从做中"学"。通过具体的实验使抽象的概念具体化，通过探究柠檬电池的原理，激发学生的学习热情。

【活动三：合作探究】

从做中"探"："铜片和一个柠檬能形成原电池，锌片、铜片和稀硫酸能形成原电池，那原电池的形成条件是什么？"，在抛出这个疑问之后，引导学生利用老师提供的实验装置进行自主设计实验，进行探究，分析原电池装置的构成条件。

准备的器材：导线、灵敏电流表、烧杯、锌铜电极、酒精、氯化钠溶液、盐酸溶液、硫酸铜溶液等。

为激发学生的探究精神，学生通过控制变量法自主设计电池，探究原电池形成的条件，即原电池的构成条件。

四个同学为一组进行实验探究，记录实验现象，依据现象得出自己的结论。

三个条件：两个电极：两种活泼性不同的电极；电解质溶液；闭合回路：电极用导线相连或者直接接触。前提必须能自发的氧化还原。

设计意图：通过合作探究，引导学生学会从实验中总结结论，在做中"悟"。总结原电池形成的条件，提高对原电池原理的认识。在实验中提高了学生的创新能力与实践能力。

【活动四：从理论到实际应用】

生活困境的事例：格林太太的烦恼。

格林太太诉说病情：一次车祸后在黄金假牙旁装了颗不锈钢的假牙。但那次车祸以后，格林太太就老是头疼，四处求医就是治不好。你能给她治治吗？

通过一个生活中的具体事例，让学生将学习的理论知识进行实际应用。学生各抒己见，得出解释：由于金与铁是活泼性不同的两种金属，唾液中含有电解质，就构成原电池，产生微小的电流，刺激她的神经，使得她头痛，因此必须换掉其中的一颗假牙，使两颗牙材料一样（如全为陶瓷牙）。

设计意图：让学生将已学知识应用到生活中，从做中"用"，对学到的原电池进行延伸，解决生活中的困境，形成学以致用的思想，从而实现将学习的知识进行运用。

【活动五：自我检测】

利用平板电脑进行推送练习。对当堂知识进行检测，查缺补漏。

【课后反思】

优点：本次教学过程中首先利用学生导学案自学以及微课自学，让学生对本节的知识形成一个简单的概念，并且在自学过程中自主思考，带着疑问进行课堂学习，使学生掌握课堂的主动权。从而提高了课堂效率。教学过程中主要是通过实验，让学生自己动手探究出原电池工作原理以及原电池的形成条件。通过"学、疑、探、悟、用"的思想，把传统的教学变导学，以学生为中心，让学生在全部的教学过程中，都处于主动参与、主动探索的自主状态。教师主要负责引导以及对知识进行梳理和总结，提高了学生的自主学习能力，以及合作探究能力。

缺点：通过本次学习发现课前预习要求学生必须认真思考、自主学习，对学生的自主学习能力是有要求的，如果自主学习能力差的学生会明显感觉进度快、学习吃力，从而造成学生分级情况明显。

随着社会的发展，清洁能源成为热点，尤其现在的清洁储能设备成为研究的重点。现各种电池如太阳能电池、锂离子电池、燃料电池等已经在我们的生产生活中得到比较广泛的应用，各种储能更高体积更小寿命更长使用更方便等高科技含量的化学电池正在研发。希望能为科学研究、为社会的进步贡献自己的一分力量。

二、道尔顿教育计划实施教学案例

（一）语文——《寡人之于国也》（第二课时）教学案例

博奥高中语文组　段姝

【课标要求】

对所选文本的文言文阅读内容，高中新课标有两方面的要求：

一是能借助注释和工具书，梳理常用文言实词、虚词、特殊句式和文化常识，提高阅读古代文学作品的能力；

二是体会作品中蕴涵的中华优秀传统文化以及民族精神，提升对中华民族文化的认同感和自豪感，为形成一定的传统文化底蕴奠定基础。本节课旨在完成第二点要求。

【教学目标】

1. 能够整体把握课文内容，梳理文章结构。

2. 通过探究讨论，探索细节，赏析文章语言的妙处。

3. 通过自主了解，结合他人的介绍，较为深入地了理解孟子的"民本"思想。

【内容分析】

1.《寡人之于国也》写了孟子同梁惠王的一次谈话。当时正值战国时期，各诸侯国为增强国力，争夺霸权，各显其能来争夺百姓。梁惠王采取了自以为"尽心"的措施，可是目的并没有达到。孟子以"战喻"分析了梁惠王"民不加多"的原因，并提出解决的具体措施——仁政。这场对话，集中体现了孟子"仁政"和"民贵君轻"的思想，也充分展现了孟子高超的语言艺术。

2. 孟子对儒学的一大贡献是从孔子的"仁学"思想出发，扩充发展成包含诸多方面的施政纲领，即"仁政"。仁政的具体内

附录

容很广泛，包括思想、政治、经济、教育等，其中贯穿着一条"民本"思想的线索。"民本"思想是孟子哲学中的核心思想，是孔子"德治"思想的发展，是施行"仁政"的基础。在《寡人之于国也》中，孟子就强调了"民"对于国家的重要性。

（1）经济上要保民、养民。孟子主张通过经济上的各种政策让百姓拥有固定的产业收入。使百姓安居乐业，人心稳定，天下太平。

（2）思想上要教民。人民的生活条件有所改善，又明白礼义，犯罪的人自然就会减少；懂得尊老爱幼，社会自然就会和谐。

【学情分析】

中学阶段的学习中，此篇文章前承初中课本选编的《孟子》两章、《鱼我所欲也》，后接选修《先秦诸子选读》中的《孟子》选读。

学生既可在之前学习的基础上进一步了解孟子圣哲思想的光辉，又可以此为契机涉猎课外知识，全面了解孟子及其思想。

此前经过一个学期的学习，同学们已经积累了一定量的阅读浅易文言文的基础知识，能借助工具书和课下注释大体读懂课文内容。

《寡人之于国也》（第一课时）已带领学生疏通了文意，梳理了文章重要字词句。

【教学重点】

了解并深入理解孟子的"民本思想"。

【教学难点】

将孟子与梁惠王进行比较，剖析民本思想。

【教学过程】

教师	学生
一、复习提疑	（学生在不看书的前提下回答）
（教师提问，学生回答）	
1.文言词汇释义	1.答案
（1）寡人	（1）寡人：寡德之人，古代国君对自己的谦称。
（2）加	（2）加：更，副词。
（3）凶	（3）凶：谷物收成不好，荒年。
（4）鼓	（4）鼓：名词用作动词，击鼓，敲鼓。
（5）何如	（5）何如：宾语前置，如何，怎么样。
（6）可以	（6）可以：古今异义，可以凭借。
（7）罪	（7）罪：名词用作动词，归咎，归罪。
2.翻译	2.答案
（1）填然鼓之，兵刃既接，弃甲曳兵而走。	（1）咚咚地敲着战鼓，两军开始交战，战败一方的士兵丢盔弃甲，拖着兵器逃跑。
（2）养生丧死无憾，王道之始也。	（2）（百姓对）生养死葬没有什么不满意，这是王道的开始。
（3）谨庠序之教，申之以孝悌之义，颁白者不负戴于道路矣。	（3）认真地兴办学校教育，把孝悌的道理反复讲给百姓听，头发花白的老人就不会在路上背着或顶着东西了。
（4）涂有饿莩而不知发。	（4）道路上有饿死的人却不知道打开粮仓，赈济百姓。
3.解疑问难	3.学生自主学习后的疑问
上节课作业之一：自主梳理行文脉络，提出疑问。	（1）梁惠王将河内的百姓移到河东，为什么还要把河东的粮食移到河内？

附
录

	（2）孟子为什么要用战争做比喻，难道仅仅是因为"王好战"吗？ （3）第五段和第六段的前半部分内容相似，为什么要重复写呢？ （4）孟子提倡的"王道"到底指的是什么？ （5）梁惠王只要按照孟子所说的去实行，天下的百姓就一定会归顺吗？
二、新课讲授 1.情景导入 　　当前网络上有很多穿越小说以及根据穿越小说拍摄而成的穿越剧，其中的主人公大多数穿越到了一个架空的朝代。今天给大家一个穿越的机会：此时，你被强制穿越到了战国时期的魏国，成了梁惠王统治下的一名百姓。记住，你此时的身份是一个无权无势的普通劳苦人民。 　　2.合作探究 　　（教师根据课堂教学情况就以下问题进行提问） 　　（1）你心甘情愿当梁惠王统治下的普通百姓吗？为什么？ 　　请依据课文中的语句回答。	学生仔细阅读课文内容后思考讨论并回答问题。 　　（1）不愿意 理由： 　　A."河内凶，则移其民于河东，移其粟于河内；河东凶亦然。"百姓生活不安定。梁惠王以赈灾救民为例来申说自己治国

	已尽心，其自矜、自满之情溢于言表。
	B. "王好战。"梁惠王喜欢打仗，社会动荡不安。梁惠王在位 38 年，经历了很多次战争，大多是以失败告终。
	C. "狗彘食人食而不知检，涂有饿莩而不知发，人死，则曰：'非我也，岁也。'"
	"狗彘食人食"和"涂有饿莩"构成鲜明对比，深刻地揭示了当时社会的不平等，人民生活困苦不堪。将"涂有饿莩"归罪于年成不好，统治者昏庸，不负责任，实行虐政。
（2）梁惠王是如何评价他的政治作为的？你觉得梁惠工是一个怎样的国君？	（2）"尽心焉耳矣"
	"察邻国之政，无如寡人之用心者。"
	梁惠王自诩对民是"尽心焉耳矣"，"焉""耳""矣"三个句末助词重叠使用，加重了语气，为下文的"以五十步笑百步"做了铺垫。其认为邻国则"无如寡人之用心者也"。前者说"尽心"，后一句说别人不"用心"，一字之差，梁惠王将自己与邻国之王分开了，邻国不仅不尽心，连用心都没有。但事实上，梁惠王的"尽心"地"移民移粟"不过是为了扩充军事力量，增强国力，

（3）孟子又是怎样评价其行为的呢？

赏析此段的叙事技巧。

叙事学研究中有一点是关于叙事时间的，叙事时间有详有略，有跳跃，有省略。孟子此喻正用省略之法，不说你如何战，不说你如何败，好像是一打仗，便开始逃跑。至于为什么逃跑，让接受者去想，让梁惠王去想，不过梁惠王似乎未能领略到这一层意思，直接回答孟子的话。

并吞邻国之民而已，并不是真正为百姓着想。

因此可知，梁惠王是一个昏庸、自私的国君。只要看清了梁惠王的本质，一般人是不想依附于他，所以他的做法是无法"使民加多"的。

（3）"以五十步笑百步"（比喻论证）

孟子深谙其人，没有直接回答梁惠王"民不加多"的原因，而是以梁惠王熟悉的战事设喻。

"填然鼓之，兵刃既接，弃甲曳兵而走"

金评道："才鼓才接，下便书'走'。此句之下，下句之上，并不见书如何战，喻之奇妙如此。"

孟子所设的"以五十步笑百步"故事之喻的内涵十分丰富，它不仅是孟子有意设置的一个圈套，诱使梁惠王不自觉地钻进去，从而以子之矛攻子之盾，而且还寄托了特殊的寓意，那就是梁惠王所谓的"尽心"与"邻国之政"的不"用心"，并没有什么本质的差别，只是形式上和数目上的不同而已。这也就暗示了"民不加多"的原因。"无望民之多于邻国也"，也就是一种必然了。

（4）那么，如何才能使"民加多"呢？孟子便牵着梁惠王的"牛鼻子"，顺着自己思维的轨迹，提出了哪些建议？这些建议具有可行性吗？

A.王道之始

"饮食宫室所以养生，祭祀棺椁所以送死，皆民所急而不可无者。今皆有以资之，则人无所恨矣。"

生的物质基础是吃喝住，解决好死的最基本条件是能够入土为安，入土需要棺椁。颜回死后没有棺椁，其父亲希望孔子把车卖了给颜回购置棺椁，可见死有棺椁，对那时的人来说多么重要。

B.王道之成

当民众在物质上得到了较为充分的保障时，再在其精神上教化，就会达到一个溢满人文关怀的境界。

（平板推送孟子的思想学说）
孟子的思想

宋代以后常把孔子思想与孟子思想并称为"孔孟之道。"

A.性善学说

"人性之善也，犹水之就下也；人无有不善，水无有不下。"

B.理想人格

"人皆可以为尧舜"；"富

（4）（学生讨论）

A.王道之始

a.不违农时——谷不可胜食也。

b.数罟不入洿池——鱼鳖不可胜食也。

c.斧斤以时入山林——材木不可胜用也。

d.谷与鱼鳖不可胜食，材木不可胜用——养生丧死无憾也。

王道之始，主要解决了生和死的问题，是百姓得以生存的基础。但是，不违农时，细网不入鱼池，斧斤以时入山林，这三点都是百姓自己能做到的。能做到，有大好处，为何还会导致"凶年"呢？自然就直指梁惠王所说的"尽心"了。

B.王道之成

a.五亩之宅，数之以桑——五十者衣帛矣。

b.蓄鸡豚狗彘，无失其时——七十者食肉矣。

c.百亩之田，勿夺其时——数口之家无饥矣。

d.谨庠序之教，申之以孝悌之义——颁白者不负戴于道路矣。

王道之成，不但解决了生死问题，还使民有教，使百姓懂得孝悌，老人可以过上比较好的生活——衣帛食肉。

贵不能淫，贫贱不能移，威武不能屈，此之谓大丈夫。"

C."仁政"思想

"民为贵，社稷次之，君为轻。"

"乐以天下，忧以天下，然而不王者，未之有也。"

具体表现为：

a. 民本思想

"民为贵，社稷次之，君为轻。事故得乎丘民而为天子，得乎天子为诸侯，得乎诸侯为大夫。"

b. 国君应以保民为职分

"乐民之乐者，民亦乐其乐，忧民之忧者，民亦忧其忧。"

"乐以天下，忧以天下，然而不王者，未之有也。"

c. 反对不义战争

孟子说："春秋无义战。"

"得道者多助，失道者寡助。"

目前，欧洲国家都形成了一套从"摇篮到坟墓"的无所不包的社会保障体系。这种完善的社会保障制度在很大程度上缓和了劳资关系和阶级矛盾，相对地维持了政治和社会的稳定，保证了经济的持续发展，明显地提高了人民的生活水平。

孟子尤其强调年龄问题——五十者、七十者、颁白者。可见"王道之成"更强调老年人的"老有所养"。要"老有所养"，物质始基础，但更需"申之以孝悌"。申，反复讲诉，可见孝悌的重要性。老有所养，没有后顾之忧，这是令人向往的。

孟子的学说在当时不具有可行性。原因：

原因之一：时代背景

战国时期诸侯争霸，崇尚气力。

"上古竞于道德，中世逐于智谋，当今争于气力。"

（《韩非子·五蠹》）

"上无天子，下无方伯，力功争强，胜者为右。"

（刘向《战国策序》）

"地大国富，人众兵强，此霸王之本也。"

（管子）

原因之二：魏国国情

魏国曾是强国，但在梁惠王统治期间，连遭大国重创，内忧外患，不复强盛。

梁惠王"卑词厚币以招贤者"，渴望改变现状。

我国也在努力朝这个方向发展，不断建立和完善养老医疗等各种社会保障制度。	"寡人不佞，兵三折于外，太子虏，上将死，国以空虚，以羞先君宗庙社稷，寡人甚丑之。 叟不远千里，辱幸至弊邑之廷，将何以利吾国？" （《史记·魏世家》） 梁惠王，在位36年，前18年靠文侯打下的基础，与诸侯交战互有胜负；后18年连连败绩。一次伐赵，被齐国田忌、孙膑用计大败于桂陵；二次伐韩，又被田忌、孙膑大败于马陵；三次与秦交战，被商鞅率秦军打败，尽失河西之地。由是，国力空虚，兵员耗尽。惠王到晚年似乎有所觉悟，想广招贤士以挽回败局，但为时已晚。
（5）孟子的一些思想在如今社会还适用吗？	（5）孟子的一些思想在当今社会可以借鉴。 A.人要与自然和谐相处。 B.仁义是最大的利益。 C.发展经济，振兴教育，加强教化，使物质文明与精神文明双丰收。 D.民富才能国强。 E.……

三、课末小结

中国文化博大精深，希望各位同学从思想上装备起保护传统道德文化的武器，去传承并弘扬我国传统文化的精华。

附录

四、作业

1.阅读并完成练习册，查漏补缺，整理文言知识。

2.课外对比阅读《孟子见梁惠王》，谈谈你对孟子提出的"保民而王"思想的理解，200字左右。

（二）英语《life in the future》（ B5U4 Reading ）教学案例

雄安博奥高中英语组　许元元

【主题语境】人与自然——未来生活

【语篇类型】趣味性科普文章

【授课时长】一课时（45分钟）

【文本分析】

本课是一篇以第一人称写的邮件，作者描述了自己对1000年以后的生活的第一印象。文章分为四个段落，以记叙的方式从交通、空气、城镇环境和房屋等方面对未来生活进行了描述。在行文中表达了自己的所见所闻和所感。文章涉及一些表达印象的词汇，如：unsettled,nervous,uncertain,difficult to tolerate, adjustment, strange-looking, magic 等。通过对未来生活的想象，培养学生的想象力，认识现在，展望未来，并且更加珍惜现在的眼前生活。

【学情分析】

本班的学生英语基础较好，学习态度比较踏实，学习积极性高，思想活跃，求知欲强。学生们具备基本的文本分析能力和细节信息提取能力，部分较好的学生也能够自信地用英语表达自己观点和感受。但是大多数同学对一些文章信息的整合，调取能力还比较欠缺，逻辑推理能力也有待提高，此外，批判性思维和想象力也比较缺乏，同时口语表达能力也有待进一步提高。所以，本节阅读课侧重锻炼学生的阅读能力、想象力和口语表达能力。

【教学目标】

在本节课学习结束时,学生需要做到以下四点:

1. 提取语篇大意,获取梳理文中关于未来生活描述的细节性信息;

2. 整合、概括作者在未来时空旅行中的所见所闻;

3. 想象自己穿越到未来,向别人描述自己在未来生活的见闻;

4. 提高环境保护意识,爱护环境,把握当下,珍惜眼前的生活。

【教学重点】

1. 学生利用上下文猜测的阅读技巧,结合其他资源理解未来生活,并进行细节描述;

2. 人物对未来生活各个方面的不同态度的推理和判断。

【教学难点】

通过本文的学习,学生发挥想象力,对未来生活环境和生活方式进行猜测,培养学生发散思维和创造精神。

【教学资源】

课本、多媒体课件、导学案、黑板、粉笔。

翻转课堂课下学习部分,按教师推送的导学案、多媒体课件进行自主学习。

【课堂教学过程】

步骤	教学活动	设计意图	核心素养
StepI Lead in（5 min）	Teacher will ask the students a question "will there be schools in the future?" Ss will express their own opinion.	创设情境,激发学生背景知识,引起学生思考	语言能力:学生口头表达自己对未来事物的想象

附录

Step II pre-reading（6min）			
步骤	教学活动	设计意图	核心素养
Activity 1 Brainstorm and talk about the future life	Ss will have a free brainstorm to discuss what will happen in the future from many prospective such as education, house, clothes and so on.　　Then, the teacher will give the Ss some pictures which describe the future life to broaden the Ss' horizon and their imagination.	激发学生的想象力和语言表达力	思维品质：培养学生的批判性思维想能力　　学习能力：训练学生提高表达思想观点的能力
Activity 2 Prediction about the passage	Teacher will show the Ss the first picture on the English book to guess what they are doing and what will happen later.	形成期待阅读，给学生创设语言情境，引发其思考	思维品质：培养学生对文章的预测能力
Step III（20min）while-reading			

Activity 1 Main idea	Ss will listen to the tape and get the main idea about the passage and main idea of each paragraph.	了解文章结构，提取语篇大意。	语言能力：获取概括文章大意的能力
Activity 2 Detailed reading	Ss will read the passage by themselves paragraph by paragraph and then they have to finish the blank–filling job about some detailed information in each paragraph.	自主阅读，读取文章细节信息，梳理，归纳文本信息，掌握细节内容	语言能力：提取语篇关键信息，细节内容，能够清楚描述事件过程
步骤	教学活动	设计意图	学科素养
Activity 3 Summary of the journey in the future	Ss will briefly look through the passage and finish the blank–filling job which describes the feelings of the future journey of Li Qiang.	引发学生概括总结能力，体验作者的思维过程；交流意见，在合作中共绘思维导图	概括语篇的主要观点和事实，在与别人交流思想的过程中锻炼自己的批判思维，培养兼容并包思维
Step IV （10min）post–reading			

附

录

Activity 1 Discussion	Teacher will give the Ss 3 minutes to talk about their future life in imagination. The two topics are as follows. First, which change do you like best, why? Second , if you could go to the future, what would you like to do in the future?	扩展话题内容，巩固课堂所学，深度理解文本内容，分享阅读成果，形成生成性阅读成果	整合语言表达自己思想 学习能力：自主学习，合作探究，互助分享
Activity 2 Draw a picture about the future life	Ss will imagine what the future life will be and draw their own pictures and later they will share their pictures with each other.	培养学生的总结思考和想象能力，锻炼其动手能力，以图传思	文化意识：联系实际生活，想象未来生活，结合现在思考人类的未来，唤醒学生珍惜现在的意识

Step V （4min） self– assessment and homework	First , Ss will assess themselves（personally, in groups and T–Ss）in this class and make a self–reflection Second, write an article about future life in my and conduct a survey in groups and find out the problems on our earth and ways.	以评价促进发展，以反思促进步	学习能力：自我反思能力，向他人学习，做社会化学生

【教学总结】

　　教师基于对文本和学情的分析，结合道尔顿制的相关教学原则，确定了本课的教学目标。教学活动设计以目标为导向，紧密围绕作者对未来生活的体验展开教学。教师首先从学生的已知出发，提起学生兴趣，引发学生思考，进而梳理整合未来生活的印象描述。在此基础上，学生自主概括文本的信息结构，深度理解文本。之后，学生合作互助，发挥自己的想象，与他人交流思想、合作探究未来生活并鼓励创意表达，最后学生将自己对未来生活的想象画成一幅画，把语言知识学习、语言技能运用、思维品质发展和文化意识形成都有机融入课程内容中，引发学生对现在自然环境的保护意识，珍惜现在的生活。在道尔顿制的自主、合作

附录

学习的原则基础上，本节课通过这一系列的教学活动设计，真正在潜移默化中渗透学科素养。

三、信息技术课

元曲《天净沙·秋思》教学篇

郑州维纲中学　信息科学组　赵博

　　道尔顿教育计划重要的一环，是教师要为学生精心设计教学内容，这个"内容"即能让学生学到新知识，也要能激发学生对学习的热情。我设计的一堂信息技术课，让我对这一点深有体会。

　　佳璐同学因古诗默写出现错字有些黯然神伤，我在走廊里遇见她时劝道："一次没默写好有什么关系，我知道你很棒的。"她微微一笑收拾好情绪去上课了，但我久久不能平静。教育无小事，教育处处都是契机。怎么样让孩子们安然度过每一次小挫折、大困难，怎样为他们提供帮助，这是我迫切需要学会并具体做到的。下午，我在批改学生的PDC成长日志——以项目驱动为主的学生成长日记。阳光从玻璃窗里透过来洒在桌子上，像一群金色的小精灵在跳舞。我突然想起在小的时候，特别喜欢日出和日落，在家附近的一座小桥上，读诗写诗写作文，我记得一个月我最多写过26次关于日出日落的日记，那段日子被染上阳光的色彩，熠熠生辉。突然，好想为孩子写首诗啊！于是，我把佳璐默写过的那四首古诗也默写下来，晚自习拿给她："喏，这是我练字随手写的，送给你珍藏。"她笑得一脸灿烂："老师，等你将来出名了我好拿出来拍卖。"我和她约定以后一起练字，提升自己。

　　第二天上午，跟同组教师教研，我突然有一个想法。我是信息技术课教师，为学校编写了《道尔顿课程》，书中涵盖了初中三年甚至更多的基础知识。初二的课程则在完成大纲基本要求下，结合时事科技加入更多的新元素。在开学前定了半学期的编程学习。此时正学习到scratch编程制作模型章节。在软件scratch中制作模型

附录

所进行的操作跟基础的电脑"画图"工具类似。学生学得很快，每节课还是有少量时间剩余。再加上刚好安排了两周的调整课程时间，临时加一节课——"由画图到 scratch 造型设计的转换"。每个人制作一幅属于自己的《天净沙秋思》图，可以是全诗描写，也可以是单句的诠释。同组教师一拍即合，定下这个星期的课题，没想到会带来诸多惊喜。

此时恰好是秋天，上课时我跟同学们分享描写秋天的许多诗句，还有关于秋天的歌曲。初中学生特别喜爱音乐，一提起流行歌曲就有聊不完的话题。当引入正题，明确今天的任务后，大家一起去到了机房里。在窗户朝南的机房，我拿起平板电脑搜索到这首诗，开始为他们赏析。朗诵播音是我的爱好，所以很快进入了自己的朗诵状态，下午两点多，阳光从窗户斜照过来，走在学生身旁，我的声音随着场景展示高高低低，孩子们听得很专注，时不时抬头看我，伴随着他们移动鼠标、敲击键盘的声音，我突然感受到一种奇异的平静。当我赏析完，有学生轻轻跟我说了两个字——"真好"，便又开始低头设计她的作品。那一刻，我内心仿佛有种神秘的力量被唤醒，满心喜悦。窗里窗外，阳光在舞蹈。

当我看到学生提交的作品时，感到十分惊诧，学生羞涩地嬉笑，"嘲笑"我的大惊小怪，却不知我是真心喜欢他们的作品，每一个细节的处理体现出来的韵味，都有恰到好处的美！

后来每个班级的作品都拿出来展示，还为优秀的作品标注三颗心到五颗心不等，学生都很高兴。

佳璐的作品是喷墨式彩绘。随机运走的沙粒仿佛会说话，诉说着诗人游走的思绪……后来我再问她这首诗的默写，她大笑着说："一辈子都不会忘了。"

王佳瑶 ♥ 初二一班

天净沙·秋思

马致远

枯藤老树昏鸦，
小桥流水人家，
古道西风瘦马。
夕阳西下，
断肠人在天涯。

滢昕的作品呈现唯美的暖色调。夕阳西下，对于她来说，是温暖的景致。爱笑的女孩，运气都不会太差，随手一图就是惹人爱的作品。

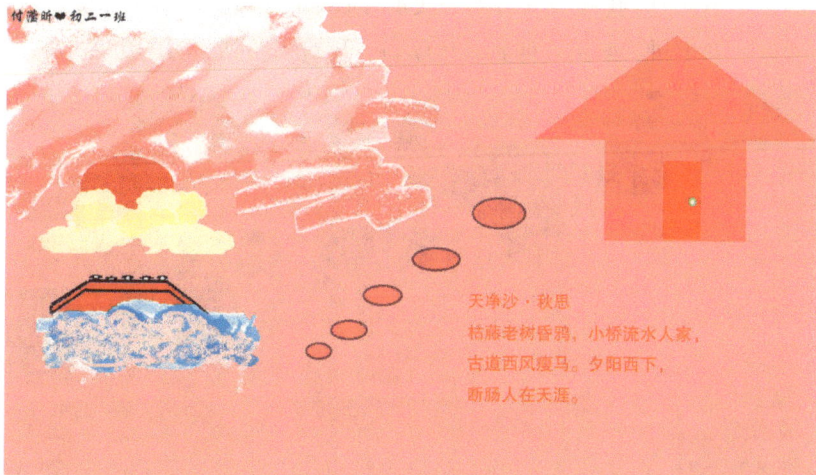

何蕾昕 ♥ 初二一班

天净沙·秋思
枯藤老树昏鸦，小桥流水人家，
古道西风瘦马。夕阳西下，
断肠人在天涯。

梦龙的作品呈现淡淡的水墨风格。这个高高大大的男孩也有他安静细腻的一面。他非常喜爱信息技术课，每次只要见到我总是喜欢问："我们下节课要干什么？"

附
录

枯藤老树昏鸦
小桥流水人家

周琳平时是一个认真内敛的女孩，当她展示这幅作品时，我惊呆了。大声表扬她："哇塞，宝贝你太棒啦！抽象派画风！"引得其他学生前来观看，也纷纷夸赞色彩搭配特棒！而且这幅图画别出心裁的只填充了画布的1/4，更显别致。后来，周琳在我的课上做作品越来越认真，我和她进行了一次敞开心扉的长谈，进行了深度沟通，她越来越上进，继而延伸到其他学科，开始体会到学习的更多乐趣。

泳银是个文笔好、书法很棒的男孩，有很强的理科逻辑性思维。他画的一匹马和马背上的断肠人很好看，但左边的房子有些费解，我说："老师暂时理解不了你画的房子，快来给我们普及一下空间知识。"他笑嘻嘻地告诉我这是五维空间，还推荐我研究一下十维空间。

黄泳根❤初二三班

浩萌是个聪明调皮的男孩，很多事情都有自己独到的见解，数次与我们斗智斗勇似的交流平板网络破解技术。这一次的作品也很惊艳！他打开电脑几分钟就画出了这幅《未完成》，也许想起这首诗的时候画面就在他脑海里形成了吧。有同学说这幅作品像游戏原画里的风格，色彩浓重却又透露出清晰而简洁的韵味。

李治萌❤初二三班
未完转续

思彤是个钢琴过十级的女孩，对自己的作品有一种特别的追求，她用三分钟快速画出了这棵树，然后用四十分钟的时间反复尝试绘出这只乌鸦的形态，她一直在嘟囔："乌鸦应该是什么样子的……这样……那样？"画着擦着，再画再擦。走过她身边，我称赞："思彤好棒！老师超级喜欢这棵树的枝丫，自由随意，相信你画的乌鸦也是超级可爱的！"思彤这幅画也收获了好多同学的喜爱。正是，"用心浇灌的花朵，开得格外的灿烂。"这只乌鸦，想起来就萌萌哒，仿佛在跟我们说话。

附录

当我们已经在各个班级展示过每位同学的作品后，第二节上课的时候，子菡突然叫着我说，她再交份作业，我既惊奇又开心。因为她之前所在的班是由别的教师在上信息技术课，这个学生还没有适应展示自己的作品。我对这个班的学生是否交作品没有提特别强烈的要求，只是每次都给予鼓励，注意激发兴趣，没想到我成功了！这幅图大家都觉得萌萌哒，很可爱！我和其他两位信息技术老师激动得要跳起来了，迫不及待分享子菡主动交作品的这个细节，也更加确定了我们的教育方针。不断地关爱、呵护学生，因地制宜、因材施教。

冠豫的作品也征服了一大批大朋友（教师）、小朋友（同学）。冠豫从来没有专业学过美术，只是因为爱好就尝试画画。开始画线条时还不流畅，纯鼠标绘图能达到这个样子，已经是无敌棒的了！展示到这幅作品时她生病在家，突然有一位同学说："鼓掌！"然后全班同学鼓起掌来，这一幕震惊了我，感动得我热泪盈眶！同学们将这幅画设置为他们班触摸一体机的背景桌面，每天上课都能看到它。冠豫原是比较沉默内敛的女孩，现在已经特别活泼开朗，这一点体现在各个方面，如才艺、学习……她也是我的 PDC 学生，关于她我有说不完的话，我已经在准备，尝试为学生写一本书，朝夕相处的陪伴使我对他们有种特别的感情，每当想到学生们，总有一种想为他们写诗的冲动。

这节课带给我的快乐还有很多，与其说我们在教孩子，倒不如说孩子在教我们，我的一个宝贝说："老师，这叫教学相长。"每天置身于这样的课堂中，快乐十足。每天与这样的一群孩子相伴，幸福感满满的！

这些可爱的宝贝们十三四岁，正是花一样的年龄。他们天赋异禀、富有朝气，想法创意层出不穷，而他们思想的国度，愿意打开让我们进入，这是多么宝贵的赠予呀！

有人认为道尔顿教育计划在中国水土不服，应用起来有畏难情

附录

绪，我认为这是没有理解到它的精髓，如果掌握了它使课程立足于学生学到技能，激发对知识的热爱、对学习的热爱这个核心，就会知道其中蕴含着教学得道的锦囊妙计。